Devenez manager coach !

Éditions d'Organisation
Groupe Eyrolles
61, bd Saint-Germain
75240 Paris cedex 05

www.editions-organisation.com
www.editions-eyrolles.com

Laurent CAUDRON

Devenez manager coach !

Les meilleurs outils du coaching pour mieux manager vos collaborateurs

Éditions
d'Organisation

Sommaire

Première partie
Les fondamentaux du manager coach

Deuxième partie

Les outils d'intervention active

Chapitre 4

Approfondir, gérer la relation et ses pièges 75

Chapitre 5

Orientez vers le résultat 109

Chapitre 6

Aller plus loin : savoir-faire et outils spécifiques 131

Troisième Partie
L'équipe

Introduction

Pour répondre aux évolutions du monde de l'entreprise, les modes relationnels et de management sont amenés à changer.

Nous n'en sommes pas encore (pas déjà ?) à une DRH qui serait un Développement des Richesses Humaines. Pourtant, la concurrence des géants de demain (Brésil, Inde et Chine) ne nous laisse pas beaucoup de choix.

Les industries de main-d'œuvre et de production à faible valeur ajoutée nous échappent. Nous devons repenser nos modes de management, devenir des travailleurs du savoir, optimiser notre créativité, réagir de plus en plus vite, nous adapter, innover, fonctionner différemment.

Le manager coach est une des réponses. Dès maintenant, au sein des entreprises telles qu'elles existent et telles qu'elles fonctionnent aujourd'hui, il peut intervenir et favoriser leur performance.

Le manager coach développe l'autonomie, il facilite la communication, il valorise les personnes et l'émergence des idées constructives. Il facilite les ajustements et stimule les potentiels. Il rend également, pour lui-même et pour les autres, le management plus agréable et plus facile.

C'est pourquoi je vous invite à devenir un manager coach et à pratiquer les outils qui vous sont transmis dans ce livre.

Préambule

Qu'est-ce qu'un manager coach ?

Le manager coach est un cadre, un chef, un responsable qui, en plus de son rôle traditionnel hiérarchique et d'animateur, développe une attitude de coach. C'est-à-dire qu'il accompagne et aide les personnes et les équipes à réaliser leur potentiel. Il les accompagne dans le développement de leur autonomie afin qu'elles atteignent leurs objectifs dans les meilleures conditions.

Au même titre que celui qui fait appel à un coach, le manager coach veut plus, plus vite et plus facilement. Pour ce faire, il va déployer des techniques qui ont démontré leur efficacité dans le coaching et qui vous sont apportées dans ce livre.

Quel est l'intérêt de l'approche coaching pour le manager ?

L'approche coaching favorise relations, motivation, créativité, collaboration, autonomie et performance. Cela signifie moins de conflits, moins de situations bloquées, plus d'implication et plus de résultats.

Devenir coach nécessite une expérience du management, la maîtrise d'au moins une des disciplines de base du coaching (PNL, AT, systémique, gestalt)[1], d'avoir accompli une thérapie et de suivre une formation spécifique.

Quels sont les atouts de ce livre ?

 ▶ Il synthétise pour vous le meilleur de chaque discipline et les moyens les plus opérationnels du coaching.

---

1. La définition de ces termes se trouve dans le lexique en fin d'ouvrage.

▶ Vous gagnez du temps : l'expérimentation des techniques qui ont fait leurs preuves a été faite pour vous.

▶ Sa structure est calquée sur le processus d'accompagnement par un coach. L'enchaînement des chapitres correspond à l'enchaînement des situations dans une relation réelle d'accompagnement telles qu'un cadre les rencontre.

▶ Chaque chapitre présente un outil pratique (relié à son usage concret) : dès le premier chapitre vous gagnez en compétence.

▶ Les techniques qui vous sont transmises sont efficaces mais elles sont aussi faciles à assimiler et à appliquer.

▶ Les techniques sont traitées progressivement, ce qui vous permet d'acquérir au fur et à mesure les outils les plus élaborés sans faire d'effort.

▶ Quand vous l'aurez lu une fois, vous pourrez en cas de difficulté retrouver instantanément le bon outil selon vos besoins.

▶ Vous l'amortirez amplement grâce à la richesse de ses ressources en de nombreuses occasions.

▶ Vous obtiendrez des résultats positifs rapidement mesurables.

Quel est l'objectif de ce livre ?

Il vous ouvre la voie du manager coach. Que ce soit en management individuel, en management d'équipe ou dans votre relationnel professionnel. Vous allez acquérir une nouvelle dimension.

Ce livre est organisé de façon à être un outil opérationnel : il va de l'individuel à l'équipe, du plus simple au plus élaboré, des « trucs » de base les plus discrets aux outils puissants les plus manifestes.

Il est volontairement progressif, la compréhension et la maîtrise d'un chapitre vous aidant à assimiler les suivants et à les appliquer efficacement. C'est pourquoi il est divisé en trois parties : les fondamentaux, les outils d'intervention actifs, le travail avec l'équipe.

Lisez ce livre une fois, il deviendra un aide-mémoire ; en fonction des situations que vous rencontrerez, vous y piocherez l'outil approprié. Il vous ouvre la voie du manager coach et du coaching. Il vous donne les moyens d'y cheminer avec succès et, je le crois, avec plaisir.

Lisez et appliquez !

Première partie

Les fondamentaux du manager coach

Afin de mettre toutes les chances de succès de votre côté, il vous faut partir sur des bases solides : ce sont les fondamentaux des outils et de l'attitude de coach.

C'est ce minimum de connaissances qui vous permettra de prétendre aux meilleurs résultats avec les outils plus sophistiqués qui suivront dans les chapitres ultérieurs. Que leur apparente simplicité ne vous trompe pas. Ces fondamentaux sont d'une grande puissance à l'usage.

Pour rouler vite, vous n'essayez pas de démarrer en cinquième vitesse. Vous commencez par la première, puis la seconde. En l'occurence, ici, ce sont les fondamentaux.

Chapitre 1

Le B.-A. BA de la bonne attitude et du savoir-faire relationnel

Ce chapitre aborde les bases simples et incontournables du mode relationnel spécifique au manager coach.

Quelqu'un vient vous voir avec une difficulté. Votre attitude, la façon dont vous le recevez, votre façon de communiquer, ce que vous convenez de faire ensemble et comment vous allez le faire, les questions que vous posez, tout cela détermine la suite de votre travail. C'est le B.-A. BA. Et c'est ce que nous allons aborder.

1. Position haute/Position basse

Comme le coach,
adoptez la position haute sur le cadre et basse sur le contenu !

Qu'est-ce que c'est ?

La position haute est celle de celui qui montre, de celui qui sait, de celui qui donne des ordres. C'est la position traditionnelle du manager, de celui qui se livre à l'exercice du pouvoir.

À l'inverse, la position basse est celle de la personne qui ne sait pas ou qui ne comprend pas. C'est aussi celle de la personne qui agit comme si elle ne savait pas, ou qui le fait croire.

Si la position haute est celle du pouvoir et de l'apparence de la puissance, elle est en fait la plus fragile. L'adage le dit fort bien : *plus le singe monte à l'arbre, plus il montre ses fesses.*

La personne qui est en position basse ne montre rien, ne prend aucun risque. Et non seulement elle ne prend pas de risque, mais elle amène l'autre à se mettre en position haute.

Quand cela s'applique-t-il ?

Dès que vous avez pris connaissance de ces deux positions, vous devez y être vigilant. Particulièrement au début d'une relation car votre positionnement détermine ce qui va se passer et comment cela va se passer.

C'est pourquoi vous devez consciemment vous positionner et à tout moment être capable de savoir où vous vous placez.

À qui cela s'applique-t-il ?

▶ **Pour le manager** : le manager est traditionnellement, le plus souvent, en position haute, celle de celui qui sait, qui dirige, qui donne les directives.

▶ **Pour le coach :** le coach, quant à lui, se place le plus souvent possible en position basse. Il ne sait pas, il ne connaît pas et ne comprend pas le contenu. Pour coacher, nul besoin de connaître le sujet, le secteur d'activité, d'avoir une expérience et encore moins une expertise du sujet dont il est question. Ce sur quoi il travaille surtout, c'est le processus.

▶ **Pour le manager coach :** le manager coach va jongler entre ces deux positions.

Pourquoi ?

Parce que son rôle est avant tout de faire que les objectifs soient atteints. Pour ce faire, il va :

- **Accentuer sa position haute sur le cadre et les règles.** Il définit la direction à prendre, la stratégie, le sens, la place et les apports de chacun, les modes relationnels au sein de l'équipe ;

- **Adopter une position basse sur le contenu.** Il prend du recul et, de cette position d'observateur, de celui qui ne sait pas, il veille au processus (au déroulement des interactions). Il pose des questions qui incitent ses collaborateurs à rester en position haute (ils expriment leurs idées, leurs points de vue, ils s'engagent…). Ainsi, il bénéficie des qualités, de la participation, de l'implication, de l'expression et de la créativité de chacun de ses collaborateurs.

Le pire serait une position haute sur le contenu – le manager le nez dans le moteur, les mains dans le cambouis, qui fait tout – et une position basse sur le cadre et les règles – ou chaque subalterne ferait ce qu'il veut, comme il veut.

Définissez les lignes directrices, les limites du sujet et les règles de fonctionnement ! Ensuite, favorisez l'expression de votre interlocuteur et sa prise de position. Posez une question, laissez-le parler, écoutez-le !

2. Coaching et management

*L'attitude de coach favorise une relation constructive,
amène des outils pour valoriser le potentiel de vos interlocuteurs,
faire émerger des solutions et faciliter l'autonomie.*

Qu'est-ce que l'attitude de manager coach ?

C'est un management personnalisé, qui aide les personnes et les équipes à réaliser leurs potentiels, à développer leur savoir-faire, afin qu'elles construisent la meilleure solution possible. Le manager coach crée les conditions du succès, stimule et accompagne, tout en valorisant la richesse de ses interlocuteurs, jusqu'à l'objectif, jusqu'au succès dont chacun est le porteur et le coresponsable.

Qu'est-ce qu'elle n'est pas ?

Le manager coach n'est pas un thérapeute. Il ne s'agit pas de travailler le pourquoi du problème en cherchant dans la psychologie, dans l'enfance des personnes et dans l'origine d'une difficulté relationnelle.

Pour le manager coach, peu importe « pourquoi » le problème, ce qui compte c'est « comment » la solution.

Le manager coach ne cherche pas de coupable, il n'a pas besoin de justification.

Pourquoi se comporter en manager coach ?

Parce qu'en développant les potentiels individuels et collectifs et en créant de meilleures conditions de collaboration, chacun travail mieux et obtient de meilleurs résultats.

Pour le manager, devenir manager coach signifie un autre mode de fonctionnement : moins de conflit, une autre ambiance de travail, davantage de délégation, plus d'autonomie pour chacun…

Quand se comporter en manager coach ?

Comme pour la position haute et la position basse, soyez manager quand c'est indispensable (règles, décision qui vous incombe, urgence, rappel à l'ordre, orientation politique, évaluation...) et manager coach le reste du temps.

L'autonomie

Si vous donnez du poisson à celui qui a faim vous le nourrissez un jour. Si vous lui apprenez à pêcher, vous le nourrissez toute sa vie. C'est ça, rendre autonome.

Bien sûr, il est plus rapide et plus facile de donner du poisson. Faire vous-même, donner un ordre, indiquer la manière de procéder (la vôtre). Mais cela signifie créer une dépendance qui vous lie aux autres comme elle les lie à vous-même.

Or, vous avez sûrement autre chose à faire, ce que vous seul pouvez vraiment faire, qu'à distribuer encore et encore du poisson.

Comment procéder ?

Un manager coach, plus qu'un autre, devra se poser les questions suivantes :

- Suis-je vraiment le mieux placé pour résoudre le problème ?
- Mon collaborateur peut-il (en partie ou en totalité) apporter une réponse à son problème ?
- Que puis-je faire pour qu'à l'avenir mon collaborateur trouve lui-même la solution ?

Devenir manager coach, c'est adopter l'attitude – ainsi que les outils – du coach et développer l'autonomie. Rappelez-vous ! Un de vos objectifs est d'obtenir plus, mieux et plus facilement pour vous et pour les autres.

3. Information et communication

Faites la différence entre information et communication !
Utilisez-les avec pertinence !

Leur confusion volontaire ou involontaire amène des résultats différents.

Que sont l'information et la communication ?

Étymologiquement : Informer = donner forme ;

Communiquer = mettre en commun…

Tableau des différences entre informer et communiquer

Informer	Communiquer
• Ce qui est transmis a pour but de mettre en forme, de réduire le désordre. • Amène de l'ordre, de la clarté.	• Ensemble des processus par lesquels une ou plusieurs personnes entre en relation avec une ou plusieurs autres afin d'atteindre un objectif. Échange et partage dans un but.
• Sens unique de celui qui sait vers celui qui ne sait pas. Le contenu est défini et connu, *a priori*.	• Flux multiples, allers-retours. Pas de contenu préétabli.
• Méthode. Procédure.	• Engagement, volonté d'écoute et de compréhension. Processus.

Il se produit souvent ce quiproquo :

- Pour un supérieur, communiquer = écoutez-moi !
- Pour le subalterne, communiquer = demandez-moi ce que je pense !

Quand informer, quand communiquer ?

Soit vous informez, soit vous communiquez. En position haute vous informez. En position basse vous favorisez la communication.

La difficulté pour le manager est de se retenir d'informer lorsqu'il connaît, de montrer lorsqu'il sait faire et, souvent, de s'abstenir de prouver qu'il est compétent.

Selon ce que vous voulez atteindre (transmettre, mettre en forme une connaissance ou bien créer du partage), vous choisirez d'informer ou de communiquer. Mais, maintenant, en connaissant les implications.

Illustration information

Imaginons :
J'ai une pomme en poche.
Je rencontre Ernest qui a un citron.

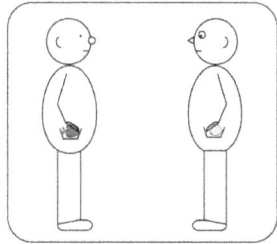

Je lui donne ma pomme.

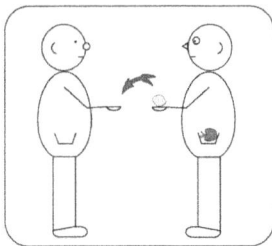

Et il me donne son citron.

Nous repartons à peu près comme nous étions arrivés : avec un citron pour l'un et une pomme pour l'autre.

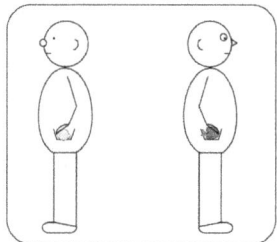

Illustration communication

Considérons que
j'ai une idée en tête et que
Ernest a lui aussi une idée.

Nous communiquons :

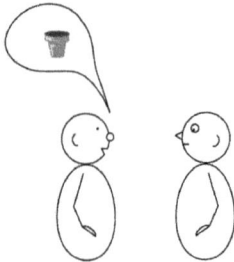

Je lui partage
mon idée

Et il me partage
la sienne.

Nous repartons chacun
avec deux idées.

Dorénavant, en fonction de votre objectif, veillez à choisir information ou communication :

- Lorsque nous posons une question, nous entrons en interaction, nous sommes dans la communication ;
- Lorsque nous affirmons, nous informons.

Soit vous donnez, soit vous partagez. Soit vous êtes seul actif, soit tous participent.

✓ *Remarque*

Bien sûr, la communication prend du temps, puisque chacun s'exprime et non plus seulement l'orateur qui informe. Mais c'est précisément l'échange (et donc par conséquent le temps nécessaire à l'effectuer) qui crée la richesse. Et lorsque les règles de la communication sont rodées, la communication devient très efficace.

Qui communique ?

La communication est le mode privilégié du manager coach.

▷ Il en fait la démonstration en partageant ses connaissances et en invitant les autres à lui faire des remarques, à apporter des précisions, à poser des questions.

▷ Il établit les règles (parmi lesquelles celles du contrat relationnel développé dans la fiche suivante) qui instaurent que chacun est autorisé et invité à communiquer.

Pourquoi communiquer ?

▷ Parce que la communication favorise la collaboration, le partage des objectifs et des ressources.

▷ Parce que la communication favorise l'implication des interlocuteurs.

▷ Parce que la communication évite les non-dits et certains jeux de pouvoir liés à la désinformation.

▷ Parce qu'une communication franche facilite la confiance, la confrontation constructive et une évolution positive.

Le comment communiquer sera abordé plus tard mais nous y serons bientôt.

Manager, c'est notamment recevoir, gérer et diffuser de l'information. Mais si informer est indispensable, communiquer l'est davantage pour l'efficacité.

4. Le contrat relationnel

Base d'un entretien efficace : passez un contrat !
Pas de contrat, pas de coaching. Pas de contrat, du bla-bla.

Quand passer un contrat relationnel ?

Vous passez un contrat relationnel au début de chaque interaction. Pour clarifier la relation, son déroulement et ce qui en découlera.

Qu'est-ce que le contrat relationnel ?

Il s'agit de l'accord explicite qui se conclut entre le manager coach et son interlocuteur pour une séquence de travail. Ce contrat comprend deux parties : l'accord sur le contenu et l'accord sur le processus.

- **L'accord sur le contenu** : il porte sur le sujet que vous allez traiter lors de votre entretien.

  Par exemple, vous allez travailler sur l'avancement du projet d'implantation de l'usine en Ouzbékistan, sur la difficulté de votre collaborateur avec Roger Palletan le chef d'équipe jamais disponible, sur la campagne marketing de la rentrée, etc.

- **L'accord sur le processus** : il porte sur les modalités de la relation entre votre interlocuteur et vous-même. Le processus, c'est « comment » allez-vous traiter le contenu.

  Dans l'exemple de l'implantation de l'usine, le processus consistera à poser des questions sur la situation, à résumer les avancées et ce qu'il reste à faire, à mettre en évidence les points faibles, à interroger votre interlocuteur sur ce qu'il envisage pour la suite, à le confronter à ses contradictions, à rappeler les objectifs et les engagements, à pointer les écarts, etc.

Le contenu, c'est le « quoi ». Par exemple, les difficultés avec Roger Palletan. Le processus, c'est le « comment ». Comment allez-vous aider votre interlocuteur à trouver la meilleure solution ? L'aider à prendre du recul, à mettre en balance les éléments, à lui ouvrir des pistes, à lui faire prendre conscience de ses erreurs…

Pourquoi passer un accord relationnel ?

▶ Sans contrat, votre interlocuteur peut être surpris par votre attitude ou vos questions. Surtout s'il a l'habitude que vous lui fournissiez des solutions. Le contrat le rassure sur votre démarche, sur la façon dont les choses vont se passer.

▶ Sans contrat, il peut attendre ou demander autre chose que ce que vous lui apportez et s'en trouver frustré, incompris, ou bien encore vous croire incompétent puisqu'il espérait autre chose qu'il pensait légitime d'obtenir.

▶ Le contrat évite les égarements, les mélanges de plusieurs sujets.

▶ Le contrat donne le cadre, que vous rappellerez en cas de différents. Par exemple, il devient normal que vous posiez plusieurs fois une même question. Normal le fait de confronter votre interlocuteur à ses contradictions, ou au fait qu'il ne joue pas le jeu de ce qui était convenu. Normal de ne pas prendre pour lui des décisions. Normal car convenu dans le contrat.

✓ *Exemple de contrat relationnel pour la réunion de travail sur la campagne marketing (style directif)*

« *Nous allons travailler une heure sur la campagne marketing de la rentrée, à l'exclusion de tout autre sujet. Est-ce que vous êtes d'accord ? [Contenu]*

— Oui, ça me convient.

— Bien. Pour ce travail je vais vous poser des questions afin de savoir où vous en êtes, comment cela se passe, comprendre comment vous avez procédé et afin de savoir ce qui va suivre. Éventuellement je vous ferais part de mes remarques, mais comme c'est vous le responsable de cette campagne, vous qui prenez les décisions, ce n'est donc pas moi qui vous dirais quoi faire. Est-ce que ça vous convient ? [Processus]

— Oui, ça me va.

— OK, commençons ! »

Autre exemple de contrat relationnel.
C'est votre collaborateur qui vous sollicite
(style moins directif et plus interrogatif)

« *Monsieur, j'ai un problème avec le dossier Montpellier. Pourrais-je m'entretenir avec vous ?*

— Je suis justement disponible pour l'instant, venez dans mon bureau ! … Donc, vous voulez m'entretenir du dossier Montpellier. De quoi s'agit-il au juste ?

— C'est au sujet du conditionnement, du mode de transport et de la date de livraison, en plus de la question de l'assurance.

— Vous voulez que nous discutions de ce qui touche à la livraison. [Contenu] D'accord ! Et comment puis-je vous aider ? [Processus]

— J'aimerais que vous me donniez votre avis sur les solutions que j'envisage… »

Vous êtes maintenant d'accord sur le quoi et le comment, il ne vous reste plus qu'à procéder.

Qui passe le contrat relationnel ?

Il est à l'instigation du supérieur. C'est donc le manager coach qui en fixe les termes et en valide l'acceptation avec son interlocuteur.

Ce faisant, le manager coach est en position haute sur le cadre de la relation et il peut ainsi déterminer la place (tout comme la position basse sur le contenu) qu'il tiendra dans l'échange.

C'est vous le chef ! Passez un contrat sur le quoi et le comment !
Faites-le valider par votre interlocuteur ! Vous saurez où vous allez et
comment vous y allez.

Histoire de qui porte le singe[1]

Imaginons qu'un manager marche dans le couloir de son service et rencontre l'un de ses collaborateurs, Monsieur A.

Dès qu'il est à la hauteur de son chef, Monsieur A le salue et lui dit : « *Bonjour Monsieur, je suis heureux de vous voir. D'ailleurs, j'ai un problème, vous voyez...* » Tandis que Monsieur A expose son problème, le manager reconnaît les deux caractéristiques qui sont communes à tous les problèmes sur lesquels ses collaborateurs attirent son attention. Il en sait assez pour se sentir concerné, mais pas assez pour les résoudre sur le champ.

Le manager écoute son collaborateur et finit par lui dire : « *Je suis content que vous ayez attiré mon attention sur ce point. Je suis pressé pour l'instant, mais laissez-moi réfléchir et je vous dirai ce que j'en pense.* » Puis, il prend congé de son collaborateur...

Analysons ce qui vient de se passer :

*   Avant qu'il ne rencontre son collaborateur, sur le dos de qui se trouvait le « singe » ? Sur le dos du collaborateur ;
*   Après, quand ils se sont séparés, sur le dos de qui était-il ? Sur le dos du manager.

Le temps que nous impose un collaborateur commence lorsqu'il réussit à faire sauter un singe de son épaule sur la nôtre. Il se termine lorsque nous rendons le singe se faire nourrir et soigner par son maître.

En acceptant le singe, le manager a, de son plein gré, accepté une position de subordonné par rapport à son collaborateur. Il a accepté de devenir le subordonné de son subalterne en faisant deux choses qu'un subordonné fait d'habitude pour son chef :

*   Il a accepté la responsabilité d'une tâche ;
*   Il a promis à celui qui lui délègue la tâche de lui rendre compte du suivi.

Il y a de grandes chances que ce collaborateur, quelque temps après, pour être sûr que son chef n'oublie pas, passe la tête à la porte de son bureau et lui demande ingénument : « *Ou est-ce que ça en est ?* »

---

1. Tiré de *Harvard Business Review*, novembre 1974 : "Management Time : Who's got the Monkey ?" W. Oncken Jr, D.L. Wass.

5. Le triptyque du cadre relationnel.
Où ? Quand ? Combien ?

*Avec le contrat, étudié dans la fiche précédente,
c'est l'absolu minimum de structuration de la relation.*

Qu'est-ce que le triptyque du cadre relationnel ?

Ce sont les trois éléments qui délimitent et encadrent la relation : le lieu, le temps, l'argent.

En interne à l'entreprise et dans le cas d'une relation hiérarchique, la notion d'argent est remplacée par l'idée de contrepartie. Il serait surprenant que le manager arrondisse ses fins de mois en faisant payer, par son subalterne, son accompagnement.

Ce triptyque s'applique à toute relation d'accompagnement (c'est vrai pour le travail d'un avocat, celui d'un thérapeute, d'un notaire, d'un consultant, etc.), il est omniprésent dans les relations sociales ; même s'il se fait plus ou moins discret.

Le lieu

Un travail efficace dans la position de manager coach ne peut avoir lieu que dans un lieu approprié. Ce qui signifie que, *a contrario*, un coaching ne saurait avoir lieu dans un couloir, devant l'ascenseur ou autour de la machine à café… Ce qui n'empêche absolument pas d'avoir une attitude de coach quels que soient les circonstances et les lieux.

La disposition de votre bureau exprime votre relation à l'autre. Mettez-vous un obstacle entre vous et votre interlocuteur ? Bureau, table… ? Le lieu est-il confortable et sécurisant pour chacun ? Est-il le symbole de votre autorité ? Y coincez-vous votre interlocuteur ? C'est-à-dire, par exemple, vous placez-vous entre lui et la porte de sortie ?

En dehors de la symbolique et de la théâtralisation du lieu, il y a surtout un impact psychologique à prendre en considération afin de ne pas parasiter la relation.

Le temps

C'est l'heure du rendez-vous et la durée consacrée à l'entretien. Un entretien de coaching peut durer une heure et demie ou même trois heures, mais il peut tout autant ne durer que dix minutes. Ce qui importe surtout, c'est que dans ce temps, vous boucliez votre entretien. Que vous fermiez la boucle. Que vous complétiez le processus, afin qu'il ne reste pas inachevé. Contrat, objectif, entretien, atteinte de l'objectif de la séance et clôture. Nous traiterons cet aspect en détail, plus loin (fiche 28 « Structure de l'entretien d'accompagnement »)

Quoi qu'il en soit, il est important que le temps imparti soit respecté. Et en tant que manager, vous êtes le garant de ce respect.

Si vous écourtez, si vous débordez et que cela n'arrive pas qu'une fois (accidentellement), il est probable que cela soit le symptôme de quelque chose :

- Vous écourtez les séances, peut-être manifestez-vous que votre collaborateur n'en vaut pas la peine, que c'est du temps perdu ;
- Vous débordez systématiquement, peut-être considérez-vous que vous n'en faites pas assez ou que ce que vous apportez n'a pas assez de valeur (vous tentez de compenser en en rajoutant)…
- Les rendez-vous sont souvent reportés, les retards sont nombreux… Cela traduit quelque chose.

La contrepartie

Dans le cas d'un manager coach, nous ne pouvons pas parler de contrepartie en argent. La question de la contrepartie en revanche demeure. Vous devez être clair sur ce que vous exigez en retour de votre travail d'accompagnement.

Exemples de contrepartie

Mise en application de ce qui est traité lors de ces temps de travail spécifiques, progrès dans tel ou tel domaine, vigilance sur le comportement, engagement sur la durée à poursuivre les efforts, expression (ne pas laisser fermenter les non-dits), approfondissement de certains points en dehors du travail, etc. sont autant d'exemples de contrepartie.

Sans contrepartie nous pouvons supposer qu'il existe une forme de jeu psychologique qui s'instaure, à l'instigation du manager coach, entre lui et son interlocuteur. Créer une dette, une dépendance, jouer le sauveur…

Dans le paragraphe sur le temps, nous avons insisté sur l'importance du cadre relationnel et sur la signification possible de son non-respect. C'est le manager coach qui est le responsable de ce triptyque. C'est lui, le premier qui doit le respecter.

Si ce cadre de travail est manifestement respecté par le manager coach, il lui est d'autant plus facile de percevoir si son interlocuteur le respecte ou non. Une entorse répétée à l'un ou l'autre des volets de ce triptyque, de la part de la personne accompagnée, est significative d'un problème relatif au cadre relationnel.

✓ *Exemple de problèmes relatifs au cadre relationnel*

Difficultés à respecter l'horaire du rendez-vous ou le temps imparti. Problèmes, tergiversations, difficulté à fixer le lieu du rendez-vous ou tentative de changer la disposition du bureau ou la façon dont vous vous y installez. Difficultés à apporter la contrepartie définie, négociation, « oublis », atermoiements.

Cela traduit généralement une gêne, même si elle n'est pas encore manifestée, par rapport au cadre relationnel, d'une manière générale. Insatisfaction liée au salaire, aux horaires, à la hiérarchie. Tourisme dans les bureaux… Une confrontation s'imposera.

Une difficulté manifeste par rapport au triptyque du cadre est symptomatique. Elle se manifeste dans votre relation mais elle existe et se manifeste aussi ailleurs sans que vous le voyiez.

✓ *Attention*

Fréquemment, quelqu'un qui a des difficultés dans une relation (avec les règles ou avec les personnes) n'a pas nécessairement conscience de ses difficultés. Il risque même de les nier en toute bonne foi (nous verrons ce point dans la fiche 33 « Méconnaissances »).

Quand s'inquiéter du triptyque du cadre ?

En permanence, mais principalement :

- **Avant l'entretien**. Préparez le lieu, soyez à l'heure au rendez-vous, préparez-vous éventuellement pour le travail à venir (outils, contreparties attendues…) ;
- **Au début**. Rappelez la durée et l'heure de fin, vérifiez que la contrepartie de la séance précédente a bien été apportée ;
- **Avant la fin**. Bouclez l'intégralité de l'entretien (échange sur la séance, prochain rendez-vous…) ;
- **À la fin**. Terminez à l'heure. Pas avant, pas après.

Pourquoi veiller au triptyque du cadre ?

- Dans un but de performance : si vous placez votre interlocuteur en position d'infériorité, si vous le mettez dans une situation inconfortable, votre accompagnement en souffrira et vous décrédibiliserez votre démarche.
- Dans un souci d'efficacité : des horaires respectés facilitent la gestion du temps.
- Cela vous met au clair par rapport à vos intentions dans l'accompagnement et à l'objectif de la démarche.
- Ce que vous entreprenez sera favorisé par un triptyque solide (et non pas saboté en cas de manquement).
- Les problèmes que pourrait rencontrer votre interlocuteur vis-à-vis du cadre relationnel sont des renseignements utiles pour un travail à effectuer et un progrès à réaliser. Si ce triptyque est inexistant, flou ou bafoué, vous aurez du mal à percevoir quoi que ce soit.

Soyez en position haute sur le triptyque « lieu, temps, contrepartie », définissez-le clairement et soyez vigilant à son respect. C'est un moyen simple de structurer et de réussir vos entretiens.

Chapitre 2

Créez la relation de confiance, condition d'un vrai travail

Pour mettre les atouts de votre côté, votre interlocuteur doit se sentir le plus à l'aise possible et ressentir que vous pouvez l'aider. Voici comment.

Vous savez sûrement que les Américains adorent faire des études statistiques. L'une de ces études atteste que dans un discours fait pour convaincre :

- Le sens des mots compte pour 7 % ;
- L'intonation de la voie pour 38 % ;
- La physiologie et la gestuelle pour 55 %.

Si 93 % du message passe par la communication non verbale, utilisez-la !

Même si les chiffres sont là pour nous tromper avec précision, ce que vous confirmeront les comptables, il n'empêche que le non-verbal est prépondérant dans la communication. Si vous dites oui, mais qu'en même temps vous secouez la tête de façon négative, il y a incohérence dans vos messages, et c'est le message non verbal que votre interlocuteur tiendra pour vrai...

Les éléments du non-verbal

Dans le non verbal, il y a, notamment, la distance relationnelle, la posture, les mouvements, les mimiques et les expressions du visage, le rythme de la respiration, la coloration du visage et du haut de la poitrine (en dessous du cou), l'intonation de la voix, le rythme de la parole, l'accentuation de certains mots (prononcés plus fort, plus vite, moins fort, moins articulés…), la dilatation des pupilles…

Dans un souci d'efficacité et de facilité d'application, nous n'aborderons, dans les fiches suivantes, que les principaux et les plus faciles à pratiquer.

6. La bulle

Respectez la bulle de votre interlocuteur !

Qu'est-ce que la bulle ?

C'est la zone de confort. L'homme, dans son rapport avec ses congénères, fonctionne avec des distances relationnelles différentes selon les personnes et les circonstances. Distances intimes, distances personnelles, distances sociales, distances publiques.

Vous pouvez soit repérer la bulle propre à votre interlocuteur, car d'un individu à l'autre cette bulle varie, soit en connaître les dimensions les plus courantes que vous appliquerez « au cas où »… :

- Distances intimes, moins de 40 cm ;
- Distances personnelles, de l'ordre de 80 cm, à peu près la longueur de votre bras tendu ;
- Distances sociales, de l'ordre de 2 m 50 ;
- Distances publiques, à partir de 7 m.

Nous parlons de la bulle (zone de confort) pour la distance interpersonnelle : entretien, négociation, relation d'accompagnement, ou simple conversation. C'est la zone dans laquelle votre interlocuteur se sent à l'aise.

En fonction de votre personnalité et de vos acquis socioculturels, votre bulle est plus ou moins grande. Il en va de même pour l'autre. Certains ont besoin d'être très proches, de toucher leur interlocuteur pour appuyer leur argument. À l'inverse, d'autres personnes ont horreur des contacts…

Pourquoi prêter attention à la bulle de votre interlocuteur ?

Parce que si vous voulez que l'entretien se déroule dans les meilleures conditions, vous devez essayer de mettre à l'aise votre vis-à-vis. Au minimum, vous devez ne pas le mettre mal à l'aise. Pour ce faire, respectez le confort de votre interlocuteur.

Pour qui, à qui la bulle s'applique-t-elle ?

À tous. Mais votre position de supérieur hiérarchique peut vous amener, sans y prendre garde, à respecter, certes, votre propre bulle, mais pas forcément celle de votre interlocuteur. Dans ce cas, vous démarrez l'entretien avec un handicap.

Dans une relation homme/femme, pour éviter toute ambiguïté et toute gêne, soyez d'autant plus vigilant à ne pas envahir la bulle de votre collaboratrice(teur).

Quand la bulle s'applique-t-elle ?

Principalement dans une relation individuelle (ou en petit comité). Car le processus d'accompagnement nous amène souvent à travailler dans les distances personnelles et intimes. Il convient alors de prendre des précautions : les expliciter par le contrat relationnel ; ne pas vous approcher directement de la personne, à quelques centimètres d'elle, en la regardant droit dans les yeux, mais plutôt doucement, par le côté, etc.

Ensuite, la calibration (voir la fiche suivante) vous aidera à vous ajuster en fonction des réactions que vous percevrez chez l'autre.

Respectez la bulle de votre interlocuteur, il se sentira confortable et plus facilement disponible pour votre échange !

© Groupe Eyrolles

7. Calibrer

Décryptez les messages non verbaux de votre vis à vis !

Qu'est-ce que calibrer ?

Si notre non-verbal parle pour nous, cela est vrai aussi pour notre interlocuteur. Calibrer c'est être attentif et collecter les informations que vous livrent les tonalités de la voix ainsi que la physiologie, les expressions et les gestes de la personne en face de vous...

Calibrer c'est faire le lien entre ce qu'exprime le non-verbal de la personne et son vécu interne.

Pourquoi calibrer ?

▶ Pour ajuster votre discours et votre intervention aux réactions de votre collaborateur.

Quand celui-ci vous parle, soit votre calibration vient confirmer son message verbal, soit vous décelez une contradiction. Auquel cas, il vous faut lui poser une question ou lui pointer la divergence entre ce qu'il dit et ce qu'il montre, ou encore simplement garder cette information en mémoire pour une autre occasion.

▶ Pour enrichir votre perception et votre compréhension. Pour reprendre l'exemple cité plus haut, c'est écouter quelqu'un qui nous dit oui verbalement et prendre note qu'en même temps il nous dit non en secouant la tête.

✓ Exemple de calibration

Imaginons un de vos collaborateurs que vous pratiquez depuis des années. Quand il est en forme, il gesticule, il sourit, dit un mot à chacun en passant, il parle vite et d'un ton enjoué, marche à grands pas lorsqu'il passe dans les couloirs...

Aujourd'hui, il vient dans votre bureau. Vous le voyez arriver les épaules un peu tombantes, il évite le regard des autres et répond à peine à leur bonjour.

Que calibrez-vous ? Vous calibrez qu'il n'est pas comme vous le percevez habituellement.

Et c'est tout ! Est-il fatigué, pensif, déprimé, de mauvaise humeur ? Vous pouvez émettre des hypothèses, mais tant qu'elles ne sont pas vérifiées, vos hypothèses restent des hypothèses.

Avantages de la calibration

▷ L'ajustement que vous permet la calibration augmente votre efficacité. Vous traitez les obstacles dès qu'ils se manifestent ; avant même parfois que la personne ne les a exprimés (elle n'a pas pris le temps de les formuler, elle n'a pas su comment le dire, n'a pas osé, ou n'en a même pas conscience…). Vous vérifiez que votre discours passe bien : compréhension, désaccord, désintérêt.

▷ La compréhension, c'est-à-dire la validation de vos hypothèses, vous permet d'étalonner votre calibration. Telle intonation, telle attitude, telle ride entre les sourcils correspondent à tel ressenti de sa part, à telle émotion, etc. Ce qui vous servira à l'avenir. Votre interlocuteur est-il, enthousiaste, hésitant, indifférent… ?

▷ En interrogeant la personne sur ce qu'elle vit intérieurement (pour valider une hypothèse, pour exprimer ce que vous avez calibré…), vous lui manifestez de l'intérêt, de la considération et une volonté de compréhension (pas de jugement, juste de la compréhension). Ensuite, éventuellement vous agirez. Ainsi, vous lui démontrez que vous êtes son allié.

▷ La calibration vous fait accéder à une communication qui passe par-delà les apparences et les conventions. La calibration vous révèle ce qu'exprime involontairement votre interlocuteur. Ici encore, c'est le non-verbal qui est important. Vous ne pouvez pas ne pas communiquer. Se taire est une forme de communication. Les gestes, les changements de respiration, tout cela exprime quelque chose dont la calibration vous permet de profiter.

Comment calibrer ?

En observant :

• Mouvements de tête, du corps, des mains ;

- Postures et changements d'attitudes (droit, voûté, en avant, en retrait, étendu, recroquevillé) ;

- Rythme de la parole, des gestes, de la respiration ;

- Pause ou changement dans la façon de parler ;

- Visage (coloration, plissements – yeux, front –, mimique, grimace, regard).

Une calibration est d'autant plus utile qu'elle est étalonnée.

Et comment l'étalonner ? En validant l'interprétation de votre perception avec ce que vit vraiment votre interlocuteur. Le plus simple est de le lui demander ou de lui faire part de votre constat en lui demandant à quoi il correspond.

✓ Par exemple

En entretien avec Denis, responsable de projet : « Denis, lorsque je vous ai dit que vous aviez encore un effort à faire pour vos comptes rendus de réunion de l'équipe projet, vous m'avez dit "oui, oui !" mais j'ai remarqué que vous vous êtes un peu tassé dans votre fauteuil et que vous avez jeté un bref coup d'œil en direction de la porte. Pouvez-vous me dire ce qui se passe ? »

C'est aussi facile que ça. Constater, énoncer des faits et poser une question simple. Lors de la réponse, vous continuez à calibrer et vous vérifiez ainsi que vous avez une réponse cohérente qui vous permet de créer un lien, d'étalonner votre calibration.

Quand calibrer ?

Idéalement, tout le temps. Au départ, votre concentration sur la calibration risque de vous faire perdre une partie du discours. Il vaut mieux que vous vous entraîniez lors de conversations sans enjeux. Ensuite, avec l'habitude, vous n'aurez pas à y porter toute votre attention. C'est comme de savoir quand passer les vitesses de la voiture. Une fois que vous savez conduire, vous le faites machinalement. De la même façon, les altérations, les gestes significatifs, les petits signes qu'il se passe quelque chose viendront naturellement à votre conscience. Il vous suffira d'y rester attentif et de les utiliser.

La calibration vous permet de mieux comprendre votre interlocuteur. Elle vous permet de déjouer certains pièges du discours.

8. La synchronisation

Gagnez des points ! Mettez-vous au diapason de votre interlocuteur !

Se synchroniser, ça veut dire quoi ?

Être synchronisé signifie être en phase avec votre interlocuteur. Même postures, même gestes, même rythme de paroles…

Si vous observez deux amis absorbés dans une conversation, vous remarquerez que souvent ils semblent être en miroir l'un de l'autre, ils sont synchronisés. Ils ont la même attitude (buste penché d'une certaine façon, bras appuyés sur le genou de la même manière, inclinaison de la tête)…

Étudiez un groupe de personnes qui discutent ! À un certain moment, l'une d'entre elles prend une cigarette. Dans les secondes qui suivent, d'autres vont faire exactement pareille. C'est un phénomène de synchronisation.

Pourquoi se synchroniser ?

Ce processus naturel, vous pouvez le mettre en œuvre volontairement pour améliorer votre relation, votre communication. Vous renforcez alors chez votre interlocuteur le sentiment que vous êtes à son écoute et que vous êtes en phase avec lui.

Or, si vous l'écoutez et que vous êtes en phase avec lui, c'est déjà un peu comme si vous le compreniez et comme si, de fait, vous étiez d'accord (en accord) avec lui. La communication entre vous est d'autant plus facile que vous vous comprenez, que vous êtes pareils. Vous favorisez la relation et vous renforcez son adhésion à votre discours.

De la même façon que la synchronisation se produit de façon naturelle, vous pratiquez tout aussi naturellement la désynchronisation : quand vous n'écoutez pas quelqu'un ; quand quelqu'un vous « tient la jambe » et que vous voudriez partir ; quand vous n'êtes pas d'accord avec quelqu'un mais que vous devez l'écouter…

- Désynchronisation égale : pas d'accord, pas d'écoute ;
- Synchronisation égale : écoute, compréhension.

Comment se synchroniser ?

C'est très simple. Posture, intonation, rythme de paroles, gestes : clonez votre interlocuteur !

✓ Exemples de synchronisation

Il s'assoit en retrait lorsqu'il écoute et se penche en avant lorsqu'il parle. Penchez-vous en avant lorsque vous parlez et basculez en arrière lorsque vous l'écoutez.

Il s'assoit de façon décontractée, jambes croisées. Adoptez la même posture !

Il parle vite en accentuant ses idées d'un geste de la main. Vous aussi.

Il laisse des blancs entre ses phrases. Il parle posément et lentement. Vous pareil.

Il a un ton de voix monocorde, appliquez-vous à parler de la même façon. Ne variez pas du grave à l'aigu.

✓ Attention

Synchroniser ne veut pas dire singer. Synchronisation rime avec symbiose, pas avec caricature. La synchronisation doit passer inaperçue. Si notre interlocuteur bouge beaucoup, pas question de gesticuler et de faire aussitôt les mêmes gestes. Dans ce cas, si par exemple il croise et décroise régulièrement les jambes, ou lorsqu'il fait un geste X, faites un autre geste au même rythme. Il croise et décroise les jambes, vous croisez et décroisez les mains…

Par ailleurs, certaines personnes ne supportent pas d'être synchronisées. Si, lorsqu'elle bouge et que vous vous synchronisez, elle change à nouveau de posture sitôt après votre synchronisation, tentez une synchronisation plus subtile. Si le phénomène se reproduit encore, arrêtez la synchronisation posturale, accentuez la synchronisation verbale (ton, rythme, vitesse, silences).

Qui synchronise ?

Habituellement, si votre interlocuteur est fortement en lien avec vous, s'il est à fond dans votre échange, il va s'oublier et se synchroniser naturellement.

Dans le cas présent, c'est vous qui voulez renforcer la collaboration. C'est donc vous qui, consciemment, allez vous synchroniser. Au bout d'un moment, lorsque la relation de confiance est établie, et comme c'est vous qui assurez le leadership dans la relation, vous constaterez si vous changez quelque chose dans votre non-verbal que votre interlocuteur va faire pareil. Vous vous asseyez différemment, quelques secondes plus tard, lui aussi.

Dans une certaine mesure, celui qui mène la synchronisation peut orienter celui qui le suit. Certains vendeurs de cuisines et d'automobiles font cela très bien.

Quand se synchroniser ?

Idéalement, presque tout le temps, lorsque vous voulez favoriser l'accord avec votre interlocuteur.

En fait, c'est surtout au début de l'entretien et dans les passages délicats qu'il est le plus important de vous synchroniser.

Synchronisez-vous ! Si vous faites comme moi c'est que vous êtes comme moi. Si vous êtes comme moi, vous êtes du côté « ami », donc vous me comprenez, vous pouvez m'aider et je peux vous faire confiance.

Points forts de la communication verbale

C'est la partie visible de l'iceberg, qui est la plus flagrante de l'attitude « coach ». Les éléments du non-verbal rassurent la personne avec laquelle nous parlons. Nous sommes comme elle, de son côté, elle est sécurisée émotionnellement. Le verbal confirme la confiance instaurée par le non-verbal. Il rassure au niveau intellectuel, il ouvre sur la compréhension et facilite l'orientation solution…

9. La reformulation

Pour que l'autre sache que vous le comprenez, pour renforcer la relation, pour comprendre et retenir plus facilement ce qui vous est dit : reformulez !

La reformulation, qu'est-ce que c'est, à quoi ça sert, quand et comment l'utiliser… ?

Qu'est-ce que la reformulation ?

Reformuler c'est reprendre ce que nous avons entendu :

- En plus court et en plus simple, c'est-à-dire résumé ;
- En plus structuré, c'est-à-dire classé ;
- En concentré : les mots-clefs.

À quoi sert la reformulation ?

- À mieux retenir ce que vous avez entendu.

- À faire des pauses dans le discours de votre interlocuteur, afin de ne pas être submergé par les informations. Trop d'informations, piège à c… oach.

- À démontrer à votre interlocuteur que vous l'avez écouté. Et, soit à lui montrer que vous l'avez compris, soit à lui permettre d'apporter des corrections, des précisions qu'il juge opportunes.

- À permettre à votre interlocuteur de prendre conscience de ce qu'il vient de dire en lui renvoyant en miroir les points importants de son message.

- À valoriser votre interlocuteur, par l'attention que vous lui portez, notamment s'il a du mal à s'exprimer.

- À l'inciter à aller plus loin dans sa réflexion, à approfondir un point qu'il n'a fait qu'aborder.

- Et surtout, à éviter les mauvaises compréhensions, les malentendus, les lectures de pensées.

Quand reformuler ?

Lorsque vous écoutez et que celui qui vous parle vous transmet beaucoup d'informations. Qu'il s'agisse d'un collaborateur que vous accompagnez, de votre supérieur qui vous confie un dossier, d'un client qui vous expose ses besoins.

Concrètement reformulez environ toutes les sept informations. Le cerveau peut aisément traiter sept informations simultanément. Cela, avec une différence de plus ou moins deux, selon les personnes, selon votre forme ou selon votre niveau de stress.

Ainsi, par exemple, lorsque vous parlez à quelqu'un, vous regardez cette personne, vous êtes conscient du niveau de luminosité de la pièce, vous appréciez le confort du fauteuil dans lequel vous êtes assis, vous ressentez le petit courant d'air de la fenêtre ouverte, vous percevez les éclats de rire dans la pièce à côté, vous écoutez ce que cette personne vous dit, vous sentez l'odeur du parfum qui flotte dans la pièce...

1.   La personne ;

2.   La lumière ;

3.   Le fauteuil ;

4.   Le courant d'air ;

5.   Les éclats de rire ;

6.   Les paroles ;

7.   Le parfum, etc.

Cette grande capacité représente néanmoins aussi une limite (que nous retrouvons dans la gestion du temps et l'organisation). Au-delà de sept activités en cours, non terminées, le cerveau commence à saturer et le stress apparaît. C'est pourquoi, en plus des avantages que présente la reformulation, et pour pleinement en tirer parti, il est important que vous reformuliez dès lors que vous avez acquis environ sept informations de la part de votre interlocuteur.

Quand vous êtes concentré sur ce que la personne vous dit, vous ne tenez plus compte des autres informations (fauteuil, lumière...). Mais les données peuvent être néanmoins très nombreuses.

✓ Exemples de données

Le contexte du problème, les personnes concernées, la personnalité de ces personnes, leurs niveaux d'interaction, les enjeux, le problème lui-même et ses composantes. Ce problème peut concerner le produit que vous développez pour un client. Il s'ensuit un certain nombre d'informations sur le client, sur sa commande, sur les coûts, la recherche, les tests, les matériaux, les couleurs, le packaging, la livraison, etc.

Normalement vous devriez avoir saturé ou bien avoir oublié une partie des éléments que j'ai énoncés ci-dessus. C'est normal, Il y en avait plus de sept.

Comment reformuler ?

Bien sûr, interrompre quelqu'un qui parle, ce n'est pas très poli. C'est pourquoi il n'est pas question de reformuler en plein milieu d'une unité de sens, même si les éléments constituant celle-ci sont supérieurs à sept. En revanche, vous pouvez très bien reformuler après quatre ou cinq éléments, lorsque la personne reprend son souffle, ou lorsqu'elle change de sujet. Vous ne la gênez pas, et peut-être même, en reformulant, lui permettez-vous de structurer son discours.

Par ailleurs, si dans votre contrat relationnel vous avez indiqué que vous alliez régulièrement l'interrompre pour être certain de bien comprendre ce qu'elle vous dit, tout se passera de façon fluide et confortable pour chacun.

✓ Exemple de reformulation

« *Notre fournisseur d'emballage est en retard pour sa livraison, d'ailleurs ce n'est pas la première fois, il conviendrait de voir avec le service achat le contrat que nous avons avec lui ; à ce propos, il faudrait aussi que nous reprenions le dossier Plastico parce que…*

— Attendez ! Si j'ai bien compris, vous souhaiteriez que le contrat avec le fournisseur d'emballage soit étudié car ce n'est pas la première fois qu'il nous livre en retard. C'est bien ça ?

— Oui, je pense qu'il faudrait soit obtenir des garanties sur les livraisons, soit obtenir une remise, c'est la moindre des choses.

— *Autre chose par rapport au fournisseur d'emballage ?*

— *Non, c'est tout.*

— *Vous abordiez le dossier Plastico. Que vouliez vous dire ?*

— *Et bien… »*

Dans le comment reformuler, il y a une partie technique vraiment simple. Elle consiste à introduire la reformulation avec les phrases suivantes qui sont élégantes et qui passent inaperçues :

- « Si j'ai bien compris… »
- « Si je comprends bien… »
- « Vous me dites que… C'est bien ça ? »

Reformulez ! Gardez la maîtrise de l'entretien (compréhension, volume, articulation) et traitez à fond le sujet (évitez oublis, non-dits, traitement superficiel) !

Les outils d'une relation plus riche

Approfondissez la compréhension que vous avez de votre interlocuteur ! Il percevra que, non seulement vous comprenez ce qu'il vous dit, mais aussi que vous comprenez qui il est. Cela aide : votre relation, le dépassement des difficultés et l'atteinte d'un résultat positif…

10. La question à 2 000 euros

Vous ne voulez ni justification, ni explication alambiquée.
Vous voulez comprendre et agir efficacement.
« En quoi est-ce important pour vous de… ? » est la question.

Si vous posez la question « pourquoi ? » vous obtenez en retour un « parce que ». Par réflexe d'autodéfense, « pourquoi ? » entraîne une justification qui déculpabilise la personne interrogée ou une rationalisation, une explication pseudo-rationnelle qui tend à prouver que l'origine (d'un acte, d'une parole, d'une attitude) est purement logique. Mais ces réponses ne vous fournissent pas l'information qui vous permette de comprendre ce qui vraiment fait agir, ce qui conditionne le fonctionnement de votre interlocuteur…

Quelle est *la* question d'approfondissement et de compréhension ?

Cette question, c'est : « En quoi est-ce important pour vous de… ? »

Pourquoi est-ce *la* question ?

Parce qu'elle amène la personne interrogée à exprimer ses valeurs, ce qui compte profondément pour elle, ce qui structure sa personnalité.

Cette question favorise la relation car elle implique votre interlocuteur. Vous vous intéressez à lui. Il parle de ce qui lui tient le plus à cœur. Vous générez un approfondissement de la relation. Vous êtes ici à l'opposé du questionnement « pourquoi » qui induit un « parce que » et une justification.

Le « pourquoi » amène une position défensive, dans laquelle il n'y a plus de coopération, le « en quoi est-ce important pour vous » permet d'exprimer les moteurs de la personne et approfondit la relation.

✓ *Exemple de « en quoi est-ce important pour vous de… ? »*

« J'aimerais être muté dans l'équipe Marvin.

— Je vous propose d'en discuter et pour bien comprendre la situation, je désire vous poser des questions. Je vais d'ailleurs certainement vous poser la même plusieurs fois. Est-ce que vous êtes d'accord ?

— Oui !

— Bien ! En quoi est-ce important pour vous d'être muté dans l'équipe Marvin ?

— Ben, c'est une équipe dynamique et il y a une bonne ambiance.

— Et en quoi est-ce important pour vous de travailler dans ce genre d'équipe ?

— On y travaille vraiment ensemble pour obtenir un résultat.

— Ah ! Et c'est important pour vous de travailler ainsi, vraiment ensemble, pour obtenir un résultat… ?

— Oui, avoir un résultat, réussir quelque chose, c'est primordial.

— Et si vous n'obtenez pas de résultat… ?

— Ça me dégoûte, c'est l'horreur. »

Ce qui est important pour celui qui demandait sa mutation, vous l'avez compris, c'est d'obtenir un résultat. C'est là sa source de motivation profonde. Ce n'est pas vraiment une mutation qu'il souhaite obtenir, mais de réussir quelque chose.

Si vous aviez commencé par : « Pourquoi voulez-vous changer ? Vous n'êtes pas bien dans votre équipe actuelle ? » Vous auriez obtenu un tout autre genre de discours.

Essayez ces deux questionnements ! Vous apprécierez la différence.

Qui pose cette question ?

Le manager coach car il cherche à ce que son collaborateur découvre et exploite son potentiel. Il veut le rendre autonome et automotivé. Pour cela, connaître, le moteur d'une personne, ce qui est important pour elle, est un bon moyen.

Par ailleurs, en évitant les « pourquoi, parce que » souvent stériles et accusateurs, il ne fait pas de son collaborateur un subalterne qui se justifie ou un bouc émissaire. Il en fait un partenaire.

Quand poser la question : « En quoi est-ce important pour vous que... de... ceci... ? »

▶ En substitution de « pourquoi... », chaque fois que spontanément vous auriez envie de le dire.

▶ Lorsque vous cherchez un moyen d'avancer vers une solution et pas juste de savoir ce qui s'est passé. « En quoi est-ce important pour vous de... » ouvre des perspectives de progrès, de solution, de réflexion constructive. Alors que le « pourquoi » fait plus souvent référence au passé pour fournir une explication.

Découvrez la motivation profonde de votre interlocuteur grâce à la question : « En quoi est-ce important pour vous de... ? » Sa réponse contient sa motivation, c'est le levier qui le fait bouger.

11. Le principe des bonnes questions

Posez les bonnes questions ! Celles qui tournent le dos aux problèmes et qui ouvrent sur une solution.

Qu'est-ce qu'une bonne question ?

C'est une question qui attire l'attention vers l'issue d'un problème, qui ouvre le champ des réflexions au-delà du champ du problème, qui offre des possibilités de solutions différentes.

✓ Exemple de mauvais questionnement

Votre collaborateur Antoine Détadennuy vient vous trouver et vous dit : « J'ai un problème dans l'application Schwytz. »

Traditionnellement vous répondiez : « Débrouillez-vous ! » Ou : « Ah ! quel genre de problème ? » Ou bien : « Que se passe-t-il ? »

Ce à quoi Antoine Détadennuy répondait : « Et bien voila… » Dès lors, celui-ci va se focaliser sur ses misères et vous y entraîner. C'est un questionnement très peu constructif.

Pourquoi privilégier les bonnes questions ?

Le principe des bonnes questions, c'est de délaisser le problème et d'orienter la réflexion vers l'issue positive, de suggérer la solution.

✓ Exemples de bonnes questions

Donc, au lieu de « c'est quoi le problème ? » demandez plutôt :

- *« Qu'aimeriez-vous avoir avec l'application Schwytz ? »*
- *« Si ça se passait comme vous le voulez, ça serait comment ? »*
- *« Idéalement, comment faudrait-il que ça se passe ? »*
- *« Pour que ça aille bien, ça serait comment ? »*

Réponse d'Antoine Détadennuy :

- *« Ça devrait… »*

- *« Je voudrais… »*
- *« Il me faudrait… »*

À partir de quoi vous enchaînez :

- *« Et comment pouvez-vous faire pour… ? »*
- *« Qu'avons-nous déjà qui aille dans ce sens-là ? »*
- *« Que faut-il ajouter ou changer pour obtenir ce que vous voulez ? »*

Si notre interlocuteur vous assène : « Oui mais, avec Schwitz, ce n'est pas possible ! » Vous :

- *« Et si c'était possible, ça serait comment ? »*
- *« Imaginez que ce soit possible ! Qu'est-ce qui fait que ça fonctionne ? Décrivez-moi comment ça fonctionne ! »*

Gardez bien à l'esprit que, manager coach, vous êtes la personne ressources. Cela ne signifie pas que vous savez tout et que vous avez toutes les réponses, mais que vous savez les faire émerger, les articuler, que, quelque part, vous êtes la solution.

Il faut quelque fois partir d'une image idéalisée, d'une solution parfaite pour trouver l'idée qui permettra de sortir d'une ornière.

✓ Exemple de démarche et de bonnes questions

« Imaginez que l'application Schwitz soit la perfection même. D'accord ? Maintenant décrivez-moi ce qui a fait qu'elle est maintenant parfaite ! Qu'avons-nous réalisé, obtenu, changé, mis en œuvre, pour arriver à cette perfection ? »

Avec les réponses que vous obtenez vous pouvez lister ce qu'il vous faut faire. Peu importe que tout ne soit pas réalisable, vous avez obtenu des pistes de solutions. À vous de faire le tri pour garder les meilleures.

La question était une bonne question. Elle était constructive car elle orientait l'esprit vers le but à atteindre.

Vous pouvez orienter vos questions vers le problème ou vers la solution. Optez pour l'efficacité ! Orientez vos questions solution !

12. Les niveaux logiques

Pour avoir un résultat, c'est simple : agissez au bon niveau !

Quels sont les niveaux logiques ?

Les niveaux logiques

Vision
Identité
Croyances
Capacités
Comportement
Environnement

Les niveaux logiques : qu'est-ce que c'est ?

C'est l'organisation de notre pensée selon différents modes de considération. Les niveaux logiques vont du plus concret, en bas, au plus abstrait, en haut.

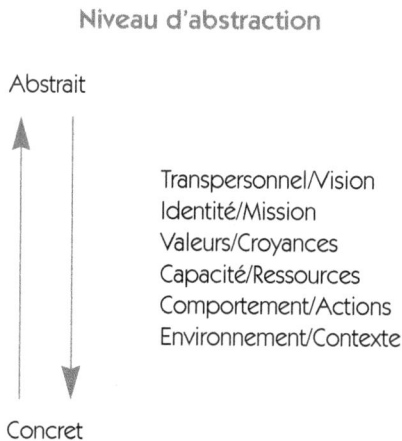

Niveau d'abstraction

Abstrait

Transpersonnel/Vision
Identité/Mission
Valeurs/Croyances
Capacité/Ressources
Comportement/Actions
Environnement/Contexte

Concret

Ils nous fournissent une carte du monde cohérente (pour nous, même si d'autres ont une carte du monde différente).

Ils organisent l'information pour eux et pour les niveaux inférieurs. Ainsi, un changement au niveau N a des conséquences sur les niveaux inférieurs (N − 1, N − 2…).

En modifiant vos croyances vous changez non seulement celles-ci mais aussi vos capacités, vos comportements…

✓ *Exemples d'application*

- *Si je transforme ma croyance « je suis incapable d'apprendre » en « je suis doué pour les études », je modifie bien sûr ma croyance mais j'ai aussi une influence sur la capacité d'apprentissage que je m'accorde, et aussi sur mon attitude vis-à-vis des formations que je serai amené à suivre…*

- *Si je m'identifiais à un personnage lambda sans intérêt et que je me transforme au niveau identité en décidant que je suis quelqu'un d'important qui a une mission sur terre, alors cela change également mes croyances sur ma place dans la société, les capacités que je vais déployer, ce que je vais faire et dans quel environnement.*

- *J'acquiers de nouvelles compétences (capacités). Par exemple, j'apprends l'anglais. En conséquence, non seulement je sais parler anglais mais je parle avec mes correspondants étrangers (comportement) dans l'entreprise, pendant mes vacances…*

À quoi servent les niveaux logiques ?

À intervenir au bon niveau d'un problème. Car un problème au niveau N se résout à ce niveau ou au niveau supérieur (N ou N + 1).

De la même façon, si un problème de niveau N n'est pas résolu, il bloque tous les niveaux inférieurs sur les aspects liés au problème.

✓ *Des exemples*

- *Si un opérateur ne connaît pas une machine (capacité), ce n'est pas en le changeant d'usine (environnement) qu'il saura s'en servir.*

- *Une personne anorexique qui se vit comme étant trop grosse (identité) ne va pas soudain manger parce que vous lui direz que manger davantage serait bon pour sa santé. Ce serait irrecevable :*

manger plus (comportement) ne peut pas être bon (croyance) puisqu'elle (identité) est grosse.

Pourquoi connaître les niveaux logiques ?

▶ Pour clarifier une situation, un problème.

▶ Pour aider à la décision ; repérer les enjeux, les besoins.

▶ Pour sortir de la confusion de deux niveaux.

▶ Pour trouver le bon niveau d'intervention et de solution…

✓ *Exemples de confusion de niveaux logiques*

• *Je n'ai pas réussi à vendre mon idée (comportement) donc je ne sais pas vendre (capacité).*

• *Je ne sais pas parler chinois (capacité) car c'est impossible, je n'y arriverai jamais (croyance).*

• *J'ai eu 5/20 en maths (comportement), je suis nul (identité)…*

Comment trouver le niveau logique concerné ?

Le plus simple pour savoir à quel niveau se pose le problème, et donc à quel niveau se trouve la solution, c'est de se le demander et de se poser la question : à quel niveau cela se passe-t-il ?

Ensuite, chaque niveau logique répond à des questions spécifiques :

Questions à poser pour obtenir le contenu d'un niveau

Niveaux logiques	Questions correspondantes
Transpersonnel/Vision	Quel est le sens ? Pour obtenir quoi ?
Identité/Mission	Qui ?
Valeurs/Croyances	Pourquoi ?
Capacités/Ressources	Comment ?
Comportements/Actions	Quoi ?
Environnement/Contexte	Où ? Avec qui ? Quand ?

Environnement

L'environnement ou le contexte répond aux questions : où ? Avec qui ? Quand ?

Où l'action se déroule-t-elle ? Quel est le contexte du problème ?

En réunion ? Lors d'échanges informels ? Sur le terrain avec un client ? En phase de démarrage de projet... ?

Comportement

Le comportement répond à la question : quoi ?

Quelles actions sont mises en œuvre ? Que faites-vous ? Qu'est-ce que vous faites concrètement ?

Vous argumentez un budget ? Vous pensez une stratégie ? Vous planifiez un projet ? Vous parlez en public ? Vous donnez des consignes à votre collaborateur ?

Capacités

Les capacités sont également les ressources, les savoir-faire, le potentiel. Vous les trouvez en réponse à la question : comment ?

Il s'agit des compétences employées ou à acquérir.

Vous savez comment parler anglais ? Motiver les commerciaux ? Constituer une équipe transversale efficace ? Établir des procédures qualité ?

Valeurs/Croyances

Les valeurs, les croyances sont le moteur de la personne, elles répondent aux questions : pour obtenir quoi ? En quoi est-ce important pour vous ?

▶ Une croyance est une loi personnelle qui se vérifie à tous les coups. Elle est considérée « vraie » et s'appuie sur nos perceptions de nous-mêmes, des autres, du monde. L'organisation cohérente de l'ensemble de nos croyances constitue notre modèle du monde, notre carte du monde.

▶ Les valeurs désignent ce qui est important pour nous. Ce sont les motivations supérieures qui guident nos choix. Le non-respect ou le viol de nos valeurs est ce qui nous met en colère, nous frustre le plus. Les valeurs sont ce qui nous mobilise.

Qu'est-ce qui est important pour vous dans ce métier ? En quoi est-ce important pour vous ? Quelles sont les valeurs que vous voulez incarner ? Qu'est-ce qui est important par-dessus tout et que vous défendez… ?

Identité

Elle répond à la question : qui ?

Qui suis-je ? Quelle est ma mission en tant que… directeur de… ? Comment en peu de mots puis-je me définir ? Quelle image, quel mot clef, quelle métaphore me viennent spontanément à l'esprit lorsque je pense à ce que je suis en tant que… ?

Je suis chef du service infrastructure : Je suis le bon génie qui met en place les décors pour que les acteurs puissent jouer leurs rôles et que les spectateurs rêvent tout en pensant que tout ce qu'ils voient est facile…

À titre personnel, une bonne question à se poser est : « Ma mission est-elle cohérente avec qui je suis ? Suis-je congruent avec moi-même ? »

✓ *Pour illustrer le niveau d'identité*

Je dirige 400 personnes, je suis père de famille, je participe activement à des actions humanitaires, je milite pour l'écologie et le développement durable.

La politique de l'entreprise qui m'emploie est de développer l'exportation des herbicides et des pesticides interdits en Allemagne, au Danemark et prochainement en France à cause de leur toxicité avérée pour les personnes.

Suis-je cohérent avec mon identité et mes valeurs si je contribue à l'empoisonnement de populations que par ailleurs je soutiens ?

Transpersonnel/Vision

En dernier lieu se trouve le niveau « transpersonnel » ou niveau spiri-tuel. Dans le cadre de l'entreprise nous traduisons cela par la vision.

Pourquoi fais-je ce que je fais ? Quel est le dessein que je poursuis dans mon travail ? Quel but me suis-je fixé ?

C'est le niveau de la spiritualité ou de l'appartenance à des sphères qui n'impliquent pas que « moi ». Ces sphères ne sont pas codifiées et peuvent inclure différents groupes : famille, communauté reli-gieuse, groupe culturel, ethnie, club… Au-delà de la personne, c'est ce qui donne du sens à ce qu'elle fait, à ce qu'elle vit.

> L'être humain évolue entre le concret et l'abstrait, c'est-à-dire entre son environnement matériel et ce qui le transcende (le sens de la vie ou le spirituel, par exemple). Agir au meilleur niveau logique, c'est obtenir pour la personne les meilleurs résultats possibles.

Histoire de Léa

Confusion de niveaux logiques, par exemple : « Je rate quelque chose [Comportement] et je le vis comme "je suis une incapable"... » [Identité]

Léa en a marre de tout. Elle a quinze ans mais elle a déjà compris que l'existence ne menait à rien. Les études ne servent à rien. L'amour est une supercherie. Sa vie est nulle. Elle est nulle. Elle ne réussit rien et tout ça, ça ne sert à rien. Même sa chambre, qu'elle a essayé de décorer avec goût, est merdique. Ce qui prouve bien qu'elle est incapable et nulle. D'ailleurs tout est nul, trop nul.

Cet après-midi-là, elle a rendez-vous avec sa grand-mère. Une fois installées dans le salon, devant un thé et un coca light...

« Tu as une petite mine, Léa. Quelque chose qui ne va pas ?

— Chais pas... Chuis dégouttée de tout... Chuis nulle.

— Tu voudrais bien m'en dire un peu plus ? Ça a commencé comment ?

— C'était mardi dernier, pendant la récré. J'étais avec mes copines et l'une d'elles me dit que Théo était en train de nous regarder. Alors pour l'impressionner, l'air de rien, je décide de faire un truc de danse : une pirouette et le pied dans la main au-dessus de la tête. [Soupir] J'ai raté la pirouette et je me suis vautrée lamentablement. Je me suis étalée comme une bouse. Et Théo, lui, il riait. Je suis nulle !

— Hmm ! Et à la danse, comment ça se passe ?

— À la danse, j'y arrive sans problème. Je suis une des meilleures du cours.

— Et tu as des copines dans ce cours ?

— Oui, il y a plusieurs filles très sympas.

— Je me demande... Selon toi, est-ce que celles qui dansent le mieux sont plus sympas que les autres ?

— Ben non, évidemment ! Ça n'a rien à voir ! Mais hé ! Oh là ! Je te vois venir avec tes questions. Mais c'est très différent. Là je me suis ridiculisée devant Théo.

— Bien sûr, c'est très différent. Là tu l'as fait rire... Tu lui avais déjà parlé à Théo ?

— Euh, non... j'ai pas eu l'occasion.

— Et quand tu as fait ta pirouette, qu'est-ce que tu voulais faire ?

— Ben, je voulais qu'il me remarque.

— Donc, si j'ai bien compris, à la danse, tu réussis très bien tes pirouettes. Et le fait de les réussir, ce n'est pas ce qui rend les gens plus sympas. De plus, tu es la meilleure danseuse de ton cours. C'est bien ça ? »

Léa, sur un ton ennuyé :

« Oui, oui, c'est ça !

— À ton avis, si tu avais réussi ta pirouette et ton pied dans la main, est-ce que Théo t'aurait remarqué ?

— Ben oui… sûrement. Je pense.

— Et maintenant. Est-ce que tu crois qu'il t'a remarqué ?

— Ah oui ! Là, c'est sûr. Mais pas comme j'aurais voulu.

— Bon, si je résume : un, tu sais réussir tes pirouettes ; deux, tu es une des meilleures de ton cours ; trois, tu es une fille sympa qui a des copines au lycée et qui a aussi des copines à la danse ; quatre, tu sais que ce n'est pas ce que savent faire les gens qui les rend sympathiques (je suis entièrement d'accord avec toi) ; cinq, tu voulais attirer l'attention de Théo et tu as réussi – et de plus, il se souviendra de toi et vous avez un sujet de conversation tout trouvé pour votre prochaine rencontre. C'est super ! Et je suis très fière de ma petite fille. J'espère Léa que tu me tiendras au courant de la suite. Vivement la semaine prochaine que tu me racontes. Bon ! Maintenant, nous allons les faire ces boutiques ? »

Chapitre 3

Décelez et dépassez
les imprécisions de langage

*Sans précision de langage, pas de compréhension,
pas d'aide possible, ou alors inadaptée.*

Les imprécisions de langage sont un piège banal du dialogue. Elles nous entraînent dans la confusion, l'incompréhension, l'interprétation. Elles font souvent partie intégrante du problème de notre interlocuteur.

Sous prétexte qu'elles sont devenues courantes dans notre langage quotidien, nous avons tendance a ne plus y prêter attention. Mais dans le cadre du travail, les corriger, c'est délimiter le problème. C'est le réduire. Et c'est effectuer un premier pas indispensable vers sa solution.

En accompagnement de coaching, comme en management, l'éclaircissement des termes et la précision du langage sont incontournables !

De plus, les transformer est très facile. Il suffit de poser des questions basiques. Constatez-le par vous-même !

Dans les fiches 13 à 17, la solution est précédée par une flèche.

13. Les généralisations

Généraliser : étendre l'expérience à tout l'univers.

✔ **Exemples de généralisation**

Toutes les anglaises sont rousses.

Les assureurs sont tous des voleurs…

Tous, toujours, jamais, chaque fois, tout le monde…

Avec le service marketing, c'est toujours pareil. Chez mes collègues, personne ne veut que ce projet aboutisse. Avec ce client, je n'y arrive jamais. Tout le monde est au courant que…

Pour obtenir la précision :

▶▶ Vraiment toujours ?

▶▶ N'y a-t-il personne qui… ?

▶▶ N'y a-t-il pas une exception ?

▶▶ Vraiment jamais ?

▶▶ Qui plus précisément ?

Avec les commerciaux, c'est toujours pareil. Ils promettent toujours des délais impossibles à tenir.

▶▶ *Ah bon, ils promettent toujours des délais impossibles ? Il n'y a pas d'exception ?*

14. Les omissions

*Omettre : garder une partie de l'information
ou un élément de compréhension.*

✓ Exemples d'omissions

Cette secrétaire est lente…

▶▶ *Par rapport à quoi ?*

▶▶ *Par rapport à qui ?*

Le service courrier nous livre en retard !

▶▶ *Qu'est-ce qui vous fait dire ça ?*

▶▶ *Selon quelles données ?*

La politique commerciale va changer !

▶▶ *Qu'est-ce qui va changer au juste ?*

▶▶ *Changer comment ?*

Le dossier n'était pas à sa place !

▶▶ *De quel dossier parlez-vous ?*

▶▶ *Ah ! Où est-elle, sa place ?*

Le truc, le machin…

▶▶ *Quoi précisément ?*

J'ai fait ce que vous m'aviez demandé !

▶▶ *Fait quoi, exactement ?*

Je ne comprends pas !

▶▶ *Qu'est-ce que vous ne comprenez pas, plus précisément ?*

Je rangerais bientôt !

▶▶ *Quand ?*

▶▶ *Quand le rangement sera-t-il terminé ?*

J'ai lu que… j'ai entendu dire que… !

▶▶ *Où ça ?*

▶▶ *Qui vous l'a dit ?*

15. Les distorsions

*Interpréter, déformer ou réorganiser les données
de façon subjectives.*

✓ **Exemples de distorsions**

Elle regarde par la fenêtre, donc je l'ennuie…

S'il ne m'a pas tenu la porte, c'est qu'il est en colère contre moi !

▶▶ *Ah ? Donc quelqu'un qui ne tient pas une porte est forcément en colère ?*

▶▶ *Comment savez-vous que c'est spécifiquement contre vous qu'il est en colère ?*

▶▶ *Est-ce que chaque fois qu'il est en colère il ne tient pas la porte ?*

Il a été déçu par mon rapport.

▶▶ *Comment le savez-vous ?*

▶▶ *Qu'est-ce qui vous fait dire ça ?*

Il ne se préoccupe pas de moi.

▶▶ *S'il se préoccupait de vous, ça serait comment ?*

Je sais que vous êtes débordé.

▶▶ *Quelles informations vous permettent de dire cela ?*

Vous n'êtes certainement pas disponible…

16. Les opérateurs modaux

*C'est la litanie des « il faut », « je dois », « je ne peux pas »...
qui donne une connotation d'accablement,
de non-responsabilisation ou d'incapacité
plus ou moins implicite de l'orateur.*

✓ Exemples d'opérateurs modaux

Il faut que je m'applique pour ce rapport, il doit être parfait, je dois le rendre lundi...

Il faut que, je dois... !

▶▶ *Que se passerait-il si... ?*

▶▶ *En quoi êtes-vous obligé de... ?*

Je ne peux pas... ! Je ne peux pas lui faire confiance... Je ne peux pas prendre de vacances...

▶▶ *Qu'est-ce qui vous en empêche ?*

▶▶ *Et si vous en preniez ?*

Le questionnement place l'interlocuteur face à ses responsabilités et aux enjeux réels (et non pas fantasmés) de ce qu'il exprime. Vos questions le responsabilisent car elles lui font admettre que c'est lui qui décide, en connaissance de cause, l'action qu'il met en œuvre.

✓ Illustration de traitement d'un opérateur modal

« Je dois faire bonne figure à mon collègue de la direction financière.

▶▶ *Que se passerait-il si vous ne lui faisiez pas bonne figure ?*

— Il saurait que je ne l'apprécie pas.

▶▶ *Et en quoi serait-ce gênant qu'il le sache ?*

— Il collaborerait certainement moins lorsque j'ai besoin de ses services.

▶▶ *Donc, si je comprends bien, ce n'est pas tellement que vous deviez impérativement lui faire bonne figure mais que vous faites ce choix car, pour l'instant, cela est préférable pour obtenir ce que vous voulez ?*

— Oui, c'est ça ! »

▶ Psychologiquement, vous rendez sa liberté de choix à votre interlocuteur. C'est lui qui décide. Par ailleurs, vous valorisez son choix comme le plus judicieux qu'il puisse faire pour le moment.

▶ Il y a « choix » et c'est « pour le moment » sous-entendu que d'autres choix seront possibles dans l'avenir. Ce qui pourrait être le sujet d'une suite dans cette même séance de travail : quelles autres possibilités ? Qu'est-ce qui gêne dans la personnalité de son collègue ? Comment communiquer avec lui autrement…

17. Les mots fourre-tout

Mots généraux que chacun interprète à sa façon, en fonction de sa perception du monde. Ce sont aussi des mots qui résument un processus ou un état intérieur.

Cher, agréable, intéressant, raisonnable, fiable, énervant…

✓ *Exemples de mots fourre-tout*

Ce projet est cher.

▸▸ *Combien coûte-t-il ?*

Le bureau est agréable.

▸▸ *Qu'est-ce qui fait que, pour vous, il soit agréable ?*

Ce juriste est fiable.

▸▸ *Qu'est-ce qui vous fait dire qu'il est fiable ?*

Ce représentant syndical est énervant.

▸▸ *En quoi est-il énervant ?*

Si vous n'obtenez pas de précisions sur ce que votre interlocuteur signifie par ce genre de mots, vous risquez de les interpréter selon votre perception qui, par définition, est la vôtre et non pas celle de votre vis-à-vis.

Vous n'êtes plus alors à son écoute et vous ne pouvez plus l'aider à trouver la meilleure solution pour lui. Vous plaquez votre carte du monde sur lui et vous risquez de vouloir lui apporter votre solution.

✓ *Illustration de questionnement par rapport aux fourre-tout*

Un projet génial.

▸▸ *C'est quoi génial pour vous ?*

Un collaborateur épatant.

▸▸ *Qu'entendez-vous par épatant ?*

Un interlocuteur pénible.

▸▸ *Comment est-il pénible ?*

Un prix serré, adapté, ajusté…

▶▶ *Un prix serré ? C'est-à-dire ? C'est combien ?*

Une soirée agréable.

▶▶ *Qu'est-ce qui a fait qu'elle était agréable ?*

Une assistante compétente.

▶▶ *Quelles sont les qualités qui vous font dire qu'elle est compétente ?*

Après la réponse aux questions qui permettent de contrer l'imprécision du langage et d'obtenir une information fiable, vous ajoutez une reformulation afin que votre interlocuteur valide votre compréhension.

Pour aider et accompagner votre interlocuteur, il est important que vous le compreniez, que vous déterminiez son besoin, que vous perceviez la signification exacte de sa demande. En cas d'imprécision, vous passez à côté.

Les imprécisions de langage sont un fléau pour une communication efficace. Traquez-les ! Leur traitement (questions ciblées) vous fait déjà avancer vers la solution.

Histoire de Barnabé

Ou comment, par les questions d'éclaircissement, changer une perception problématique en quelque chose de positif.

Barnabé (7 ans) rentre de l'école :

« Maman, ils ont tous été méchants avec moi aujourd'hui à l'école !

— Vraiment toute la journée ?

— Euh, non. Pendant la récré de midi.

— Tous les enfants ont été méchants avec toi ?

— Non, Julien et sa bande.

— Et ils sont nombreux ?

— Ben, Julien et Léo.

— Et les autres ?

— Ben, ils m'ont défendu. »

Mais vous connaissez sûrement l'équivalent dans l'entreprise :

« Oh, de toute façon, il n'y a rien qui marche dans cette entreprise.

— Vraiment rien ? »

« Depuis le début de ce projet, tout va de travers.

— Qu'est-ce qui va de travers précisément ? Et qu'est-ce qui fonctionne ? »

« Je présente une idée et toute l'entreprise est contre moi.

— Toute l'entreprise ? »

Deuxième partie

Les outils d'intervention active

Nous poursuivons dans la logique d'un accompagnement. Dans la première partie, lorsque vous avez rencontré la personne, vous l'avez découverte face à son problème. Vous avez cadré la relation et vous lui avez posé des questions afin de faire un état des lieux et de développer une relation de confiance.

Nous allons à présent approfondir la compréhension du problème et du fonctionnement de la personne. Cela vous permettra d'éviter les pièges de l'accompagnement et d'exploiter les possibilités qui se présenteront. Entre parenthèses, cet approfondissement suffit parfois à faire émerger la solution. Tout comme dans la réalité, ces étapes amènent les suivantes.

Nous traiterons des techniques d'intervention qui donnent au manager coach une part de plus en plus active. Détermination d'objectifs, structuration du travail... outils spécifiques.

Chapitre 4

Approfondir,
gérer la relation et ses pièges

Une fois que votre interlocuteur est en confiance
et que vous avez clarifié ses propos,
encore faut-il faire quelque chose
de cette relation privilégiée.

Afin de manager au mieux et d'aider votre interlocuteur, étudions maintenant comment trouver ses motivations profondes, réagir et communiquer efficacement en fonction des situations qui se présentent, et déjouer les pièges de la relation.

18. L'échelle des valeurs

C'est le tableau synoptique des motivations profondes, et aussi des sources de frustration et de démotivation d'une personne.

En quoi consiste une échelle de valeur ?

Elle synthétise et présente sous la forme d'un tableau, pour un sujet déterminé, les valeurs importantes d'une personne et les faits qui y correspondent.

✓ *Par exemple*

- *Supposons que l'honnêteté soit une valeur qui vous tienne à cœur. Le fait qui manifeste pour vous cette honnêteté est de signaler à la marchande qu'elle vous rend trop de monnaie ;*

- *Pour quelqu'un d'autre, l'honnêteté se manifestera en ne téléphonant jamais du bureau pour des appels personnels ;*

- *Pour une autre personne encore, l'honnêteté signifiera ne pas profiter d'un sinistre pour déclarer à son assureur plus que ce qu'elle a perdu ;*

- *Un de vos collaborateurs prend systématiquement une heure et demi à deux heures pour déjeuner, au lieu de l'heure réglementaire. Pourtant, il est d'une honnêteté scrupuleuse dans la gestion de ses budgets, pour ses frais de déplacement, etc.*

Chacun a ses propres valeurs et leurs équivalences concrètes…

En quoi est-il important de valider les valeurs et leurs équivalences concrètes ?

Et, dans l'autre sens, en quoi est-il important de relier les faits et les valeurs qui les sous-tendent ?

Dans les deux cas :

- Car les valeurs sont une des principales sources de motivation de la personne ;

- Parce qu'elles n'ont pas la même signification pour chacun de nous.

Pensez-y ! Ce qui vous énerve le plus est ce qui bafoue une de vos valeurs fondamentales.

Si une de vos valeurs importantes est le respect, imaginez :

- Quelqu'un vous bouscule brutalement sans s'excuser ;
- Quelqu'un vous double dans votre file d'attente ;
- Quelqu'un raye votre voiture.

Comment vous sentez-vous ?

Si votre valeur forte est la justice, imaginez :

- Quelqu'un vous escroque, mais légalement vous ne pouvez rien faire ;
- Vous émettez une idée brillante que quelqu'un d'autre s'attribue et dont il est récompensé ;
- Vous êtes sanctionné pour une faute que vous n'avez pas commise.

Comment le vivez-vous ?

Si une de vos valeurs fondamentale est l'autonomie, imaginez :

- Un accident vous rend complètement dépendant ;
- Un nouveau règlement vous impose votre conduite ;
- Un retournement de conjoncture vous met à la totale disposition de quelqu'un que vous ne supportez pas.

Qu'est-ce que cela vous fait ?

Si aucune de ces valeurs ne vous correspond, les situations vous ennuieront certainement mais sans vous affecter réellement.

Les valeurs sont flagrantes lorsqu'elles sont violées, bafouées, trahies. Elles sont plus discrètes le reste du temps. Pourtant, ce sont elles qui sous-tendent vos aspirations et vos actions. Elles sont source de votre motivation.

Parmi les valeurs de motivation citons par exemple : la liberté, la réussite, l'honnêteté, le pouvoir, l'amour, la justice, le partage, l'indépendance, l'harmonie, l'unité familiale, le courage...

Pour autant, une même valeur ne se traduit pas pour chacun par les mêmes faits, les mêmes équivalences concrètes. Comme nous l'avons vu dans l'exemple de l'honnêteté. Si une valeur importante pour vous est la confiance, la rigueur ou le pouvoir, cela n'a pas forcément la même signification que pour votre subalterne. Même s'il dit que ce sont des valeurs primordiales pour lui. Alors… ?

Pourquoi utiliser l'échelle des valeurs ?

▶ Pour éviter les erreurs de compréhension et les interprétations. Pour ce faire, il est bon de valider les valeurs – et leur équivalence concrète – de la personne avec laquelle vous travaillez en accompagnement.

▶ C'est aussi l'occasion d'en faire prendre conscience à votre interlocuteur.

▶ Vous voulez vous épanouir ? Respectez votre échelle de valeur !

▶ Vous voulez motiver quelqu'un ? Répondez à ses besoins et à ses motivations profondes tels qu'exprimés par son échelle des valeurs !

Comment se présente une échelle de valeurs ?

Sous la forme d'un tableau comme celui-ci :

	Valeur +	Faits	Valeur -	Faits	
+ important					
8					8
7					7
6					6
5					5
4					4
3					3
2					2
- important 1					1

Comment fonctionne-t-elle ?

L'échelle de valeurs se remplit en commençant par la ligne du bas, petit à petit. En partant, en réponse au questionnement, des valeurs les plus évidentes et les plus simples vers les plus profondes et les plus importantes pour la personne.

Comment la remplir ?

Le questionnement qui le construit est celui de la recherche des valeurs et de la recherche des équivalences concrètes :

▶▶ « Qu'est-ce qui est important pour vous ? » vous mène aux valeurs.

▶▶ « Et concrètement, pour vous, ça serait quoi ? » vous apporte les faits.

✓ *Exemple de questionnement pour construire l'échelle des valeurs*

▶▶ *Qu'est-ce qui était important pour vous dans le dernier projet que vous avez mené à bien ?*

— *J'avais carte blanche pour le choix des membres de l'équipe.*

▶▶ *En quoi, cette carte blanche était importante pour vous ?*

— *J'ai choisi des gens performants que je savais savoir coopérer.*

▶▶ *En quoi était-ce important qu'ils soient performants et qu'ils sachent coopérer ?*

— *C'est, à mon sens, les deux conditions indispensables pour réussir un projet.*

▶▶ *Concrètement, qu'ils sachent coopérer, cela se manifeste comment ?*

— *Ils parlent ouvertement. Ils ne cherchent pas à se mettre en avant mais travaillent vraiment pour atteindre l'objectif.*

[Idem pour « performant »]

▶▶ *Y avait-il quelque chose de plus important que cette coopération ?*

— *Non, c'est ce qui comptait le plus.*

▶▶ *Si vous n'aviez pas obtenu qu'ils soient performants et capables de coopérer, qu'est-ce qui aurait pu vous motiver à entreprendre quand même ce projet ?*

— *Qu'il n'y ait pas de date définitive d'achèvement.*

▶▶ *De quoi d'autre auriez-vous besoin qui serait plus important ?*

— *Rien d'autre.*

▶▶ *Imaginez ! Vous n'avez pas les personnes de votre choix et la date de fin vous est imposée, qu'est-ce qui ferait que vous ayez quand même de la satisfaction ?*

— *Le fait de tenter quelque chose de nouveau, que personne d'autre n'a jamais entrepris.*

▶▶ *Et l'inverse, ce serait quoi ?*

— *La routine. Je ne supporterais pas un travail routinier.*

▶▶ *Et concrètement un travail routinier ça serait quoi pour vous ?*

…

Ainsi, au fur et à mesure du questionnement, l'échelle des valeurs se remplit pour ressembler à ceci :

+ Important

	Valeur +	Faits	Valeur -	Faits	
7					7
6	…	faire du nouveau	routinier	…	6
5	…	…	…	Pas de date	5
4	Réussite	…	…	…	4
3	Coopération	Parlent…	…	…	3
2	performant	…	…	…	2
1	Carte blanche	Choix	…	…	1

- Important

Progressivement, au fil du questionnement, vous remplissez toutes les cases du tableau.

✓ Remarque

Certaines personnes trouvent plus facilement l'expression de leurs valeurs en commençant par l'aspect négatif (par exemple, routinier). À vous de questionner pour obtenir l'équivalent positif. À l'inverse, si la personne commence par le positif, vous questionnez pour obtenir la contrepartie en négatif.

Une échelle est établie pour une situation donnée : « un travail satisfaisant, un bon patron, une ambiance de travail motivante, un collaborateur que vous appréciez... » Elle sera différente si le sujet devient « des vacances agréables », c'est évident. Quoi qu'il en soit, les valeurs fondamentales d'une personne forment un ensemble cohérent.

Les éléments de l'échelle sont cohérents, les différentes valeurs fondamentales se rejoignent et se complètent. Si les valeurs « amour », « honnêteté » ou « réussite » sont importantes pour la personne, elles le seront vraisemblablement dans la plupart des circonstances (travail, relations, projets, association...). Vous obtenez ainsi le portrait de votre interlocuteur.

Vous voulez comprendre les ressorts profonds d'une personne ? Établissez son échelle de valeur ! Vous saurez la motiver.

19. Gérer l'« ici et maintenant »

C'est maintenant que vous travaillez avec votre interlocuteur.
C'est maintenant que vous pouvez agir.

Pourquoi être centré sur le présent ?

◗ Par rapport au passé : pas d'attachement.

◗ Par rapport au présent : pas de jugement.

◗ Par rapport au futur : pas d'attente. Pas de projet pour l'autre.

Ainsi, pas de contamination, pas de risque d'influencer la relation. Vous prenez juste en considération de ce qui se présente. Vous travaillez vraiment avec la personne et vous ne vous laissez pas absorber par autre chose que le travail en cour.

✓ *Exemple de situations « ici et maintenant »*

Votre adjoint et vous, devez travailler sur sa participation lors des réunions d'équipes. Il arrive à l'entretien visiblement nerveux. Que vous décidiez ou non, par la suite, de traiter ce point, il est, ici et maintenant, pour vous, au premier plan…

Idem, vous avez prévu de travailler sur l'audit qualité du mois prochain. Le collaborateur est rouge de colère et il tempête contre le service après-vente qui vous a massacré un client très important.

Allez-vous conserver votre ordre du jour ? Cela mérite réflexion car ce qui est présent, ici et maintenant, peut être une très bonne opportunité d'aider votre collaborateur à progresser. Ce point reçoit son énergie, il sera pour lui plus facile de le travailler avec vous.

En étant centré sur votre interlocuteur vous devez prendre en compte ce qu'il vous apporte dans l'entretien, ainsi que l'état d'esprit dans lequel il y vient. Vous servir, ici et maintenant, des matériaux disponibles, tout en ayant à l'esprit l'objectif global de votre travail, peut être un bon moyen d'avancer efficacement :

• Vous traitez les problèmes et besoins réels de votre interlocuteur ;

- Vous êtes centré sur lui et sur ses préoccupations et donc, vous avez une plus grande collaboration de sa part.

Selon l'intensité de la situation, ne pas traiter ce qui se présente serait prendre le risque que la suite de l'entretien en soit parasitée et qu'elle ne puisse se dérouler dans les meilleures conditions de réussite. Bien sûr, Il n'y a parfois rien de spécial à en faire. Pas de temps de travail à y consacrer. Mais juste à en accuser réception (fiche suivante).

Traiter l'« ici et maintenant » c'est battre le fer quand il est chaud. Conservez à l'esprit votre objectif global et votre ordre du jour ! Et dans cette perspective, traitez ce qui émerge ici et maintenant ! Ce peut être un excellent moyen, détourné mais efficace, de progresser.

20. Accuser réception

Quelqu'un vous exprime une difficulté, un problème qui l'affecte particulièrement : accusez réception ! Surtout si vous n'avez pas de réponse immédiate : accusez réception !

Pourquoi accuser réception ?

Si une situation est quasi inextricable, votre collaborateur peut comprendre que vous ne fassiez pas de miracle. En revanche, il ne comprendrait pas que vous y sembliez indifférent. Cela manifesterait pour lui votre manque d'écoute, de soutien, votre indifférence, votre lâcheté ou un aveu d'incapacité et, par conséquent, moins de confiance en vos talents de manager…

✓ Exemples d'accuser réception

« Monsieur, je n'arrive pas à savoir ce que vous voulez pour le projet Duponton, ça rend ma position difficile vis-à-vis de l'équipe.

— Je prends note que mes consignes vous mettent en position difficile. Préparez quelque chose pour dans 15 jours (vos questions, les éléments que vous souhaitez obtenir, vos réflexions sur le projet…) et convenons maintenant d'un rendez-vous (jour, heure, durée) pour en discuter et régler ça avant la réunion mensuelle. »

Ou

« J'ai un problème avec Mentin et Duland. Il n'y a pas moyen de les faire travailler ensemble.

— J'entends que Mentin et Duland n'arrivent pas à travailler ensemble. Pour l'instant, il n'y a rien que je puisse faire, mais je prends note et je comprends que cela vous pose problème. Je garde en mémoire qu'il nous faudra y trouver une solution. »

Quand accuser réception ?

Dès que quelqu'un vous rapporte un problème, une difficulté ou qu'il vous manifeste un malaise ou un désaccord (le sien, ou celui du groupe).

Quel avantage à accuser réception ?

Vous prêtez attention, vous entendez, vous prenez en compte ce qui vous est dit. Vous manifestez votre intérêt. Votre interlocuteur et ses problèmes vous intéressent, vous êtes concerné. Il n'est pas seul, abandonné ou désavoué.

Cela désamorce les risques de frustration et de mécontentement.

Au-delà de l'accusé réception, qui est le minimum, vous pouvez poser de bonnes questions (retour à la fiche 11).

Accuser réception manifeste votre attention et votre considération. Vous réglez un premier problème de votre interlocuteur ; il voulait s'exprimer et que vous en teniez compte : c'est fait.

21. Les positions perceptuelles

Dans vos relations, soyez en même temps vous-même, à la place de l'autre et en position d'observateur. Les trois à la fois !

Adoptez les trois positions perceptuelles. Cette technique ouvre une meilleure compréhension, donne du recul par rapport aux situations, apporte la faculté de communiquer autrement…

Quelles sont les trois positions perceptuelles ?

▶ **Première position** : je suis dans ma peau, présent à ce que je vis. Je suis moi.

▶ **Deuxième position** : je me mets à la place de l'autre. Je deviens l'autre, avec sa carte du monde (ses niveaux logiques), son mode de fonctionnement, ses croyances (ses valeurs), ses besoins, son attitude, ses arguments.

▶ **Troisième position (ou méta-position)** : je prends du recul. Je me place en position d'observateur. J'observe ce qui se passe dans la relation entre moi et l'autre. J'observe à la fois la relation et chacun des interlocuteurs. C'est la position où, détaché des implications émotionnelles, je prends conscience du système : A, B, relation entre A et B.

Qui utilise les positions perceptuelles ?

Le coach et le manager coach. En tant que tel, vous travaillez sur le processus ; comment se déroulent les choses, les interactions, la façon dont les relations se vivent et s'articulent. Vous travaillez sur le processus beaucoup plus que sur le contenu.

Il vous importe plus d'analyser comment fonctionne votre collaborateur dans un groupe, face à un client ou vis-à-vis d'un membre de l'équipe projet que de savoir s'ils ont discuté de la taille d'un écrou, du débit d'une machine ou de la fluidité d'une résine. Votre rôle et vos capacités à le faire évoluer se situent dans le comment (le processus) plus que dans le quoi (le contenu).

Pourquoi utiliser les positions perceptuelles ?

Les positions perceptuelles vous apportent une meilleure compréhension et du recul :

* **Compréhension** : en vous mettant à la place de l'autre vous comprenez son fonctionnement, ses raisons, ses arguments. Par voie de conséquence, vous découvrez les arguments qui vont répondre à ses motivations et à ses objections ;
* **Recul** : vous avez une perception d'ensemble de la situation et de la relation. Votre analyse est plus complète. Votre expérimentation de ce que vit « l'autre » relativise votre propre position. Vous percevez les interactions en spectateur. Il vous est d'autant plus facile de rester impartial.

Comment utiliser les positions perceptuelles ?

Il existe deux manières de les utiliser : la manière virtuelle et la manière réelle.

* **Virtuellement** : vous passez, intellectuellement, dans chacune des trois positions.

  En vous mettant à sa place : qu'est-ce qui vous motive, comment comprenez-vous les choses, quels arguments vous viennent-ils… ?

  En vous plaçant en troisième position (en recul, comme en spectateur) : que voyez-vous se jouer entre les interlocuteurs en présence ?

* **Réellement** : c'est un excellent exercice à réaliser. Mais dans la position de manager, cela peut être délicat de faire jouer votre propre rôle par un subalterne et de prendre sa place. En revanche, il peut être très opportun de le faire réaliser par votre collaborateur.

✓ *Par exemple*

Si lui, appelons-le Fabien, se trouve en opposition avec quelqu'un, que nous appellerons Charles, faites changer Fabien de position perceptuelle !

Fabien prend la position de Charles. Il adopte ses propos, imagine ses motifs. Vous prenez la place de Fabien, avec ses arguments, etc.

Ensuite, vous rejouez la relation dans cette nouvelle configuration.

Cet exercice est généralement très fructueux en terme de compréhension, de mise en perspective et de solutions originales.

L'élégance du procédé, et son efficacité, est que Fabien comprend de lui-même ce qui se passe et trouve la solution la plus appropriée sans que vous, manager, n'ayez à intervenir directement entre les protagonistes.

Quand passer virtuellement dans les trois positions ?

Très souvent, au cours d'un entretien, pour vous assurer du processus, du déroulement de votre travail.

Quand utiliser les positions perceptuelles en réel ?

Comme dans l'exemple précédent. L'outil s'utilise pour tous types de difficultés : conflit, incompréhension, inhibition.

Il est utile également pour travailler un message difficile à faire passer. Un de vos collaborateurs doit annoncer une coupure budgétaire qui va affecter son équipe. Comment va-t-il s'y prendre ? Les positions perceptuelles vous permettent de lui faire tester différents discours : il énonce ce qu'il a l'intention de dire et comment, puis vous tenez son rôle et vous le mettez en deuxième puis en troisième position.

Si vous dites à quelqu'un « je vais devoir licencier dans votre équipe », vous ne vivez pas les choses de la même façon que si votre directeur vous annonce « je vais devoir licencier dans votre équipe » ou si vous êtes simple spectateur, non impliqué, et que vous entendez deux personnes dire l'une à l'autre « je vais devoir licencier... », et que vous voyez ce qui se passe.

Cette différence de position perceptuelle vous ouvre des possibilités, dont celle que nous verrons dans la fiche suivante, la méta-communication.

Développez votre capacité à adopter les trois positions perceptuelles ! Cela vous ouvre une perception plus vaste, une autre compréhension, la capacité à vous détacher de ce qui se passe et d'en parler pour rendre l'autre également conscient.

22. La méta-communication

*À la fois moyen de conscientiser les modes relationnels,
de responsabiliser vos interlocuteurs, d'échapper à la passion
du discours et de prendre de la distance.
En plus de communiquer, méta-communiquez !*

Méta-communiquer : quoi, comment, pourquoi ?

Méta-communiquer, c'est communiquer sur la relation et sur la communication au sein de la relation. C'est parler en vous plaçant (et en amenant votre interlocuteur) en troisième position perceptuelle. C'est communiquer sur le processus en étant sorti du contenu.

✔ *Exemples de méta-communication :*

Pointer une incohérence : *« …*

— J'ouvre une parenthèse. Vous me dites que le projet vous intéresse. Et en même temps je constate que vous croisez les bras et que vous faites un léger signe négatif de la tête. Du coup, j'ai un doute sur votre intérêt. Est-ce que vous vous en rendez compte ?

— … »

Chercher à faire exprimer les non-dits : *« …*

— Est-ce que vous remarquez que c'est la troisième fois que je vous pose une question sur les aspects techniques de cette application et que vous me répondez sur ce que les opérateurs vous disent ? Alors je me demande s'il n'y a pas quelque chose dont vous aimeriez me parler. »

Mettre en évidence une différence d'attitude : *« …*

— Je vous reçois de façon informelle. Je vous ai exposé tous les éléments du dossier. Je vous invite à vous exprimer. De votre côté, vous êtes assis de manière assez raide, vous n'avez prononcé qu'une vingtaine de mots. Je trouve que nos attitudes sont très différentes. Est-ce que vous le percevez aussi ?

— Oui, je le reconnais.

— J'aimerais que vous me disiez, selon vous, ce qui génère cette différence. »

Faire une pause pour passer du contenu au processus : «…

— Pause ! Je constate que nous parlons de plus en plus fort. Je vous pose des questions pour comprendre comment nous avons pu perdre un tel contrat avec ce client. Et ce que j'entends, c'est que c'est la faute à tel service, à telle personne ou à telle circonstance. C'est bien ça ?

— Non ! Enfin, oui mais…

— Mettons de côté ce contrat pour l'instant ! Je désire comprendre. Comment est-ce que vous vivez cette discussion que nous venons d'avoir ?

— Et bien… je trouve que…

— Pour ma part, j'ai l'impression que vous le vivez comme si je vous accusais de quelque chose et que vous deviez vous défendre et vous justifier. Mais ce que je veux, ce n'est pas trouver un coupable. C'est que nous comprenions ce qui s'est passé, afin d'améliorer notre façon de faire. Ce que je veux, c'est que nous travaillions ensemble, de façon détendue, en nous disant ce que nous avons à nous dire et que nous trouvions les mesures à adopter. Qu'en pensez-vous ?

— … »

Qu'est-ce que méta-communiquer ?

C'est communiquer sur ce qui se passe et comment ça se passe.

Comment méta-communiquer ?

▶ En étant très factuel : il se passe ceci, vous avez dit cela, vous avez telle attitude, je perçois ça.

▶ En exprimant le processus relationnel que vous percevez. Sans entrer dans le contenu.

Quand méta-communiquer ?

Principalement lorsque la relation ne vous satisfait pas. Mais, à l'inverse, vous pouvez désirer mettre les choses en évidence lorsqu'elles se passent bien. Vous pouvez ainsi, par contraste, mettre en évidence ce qui se passe quand la relation est satisfaisante et ce qui se passe quand elle est insatisfaisante.

Pourquoi méta-communiquer ?

▷ Pour faire évoluer votre échange en partenariat avec votre interlocuteur. C'est un peu comme dire : « Voilà, il se passe ça entre nous. Maintenant, qu'est-ce que nous en faisons ? Est-ce que nous continuons comme ça, ou est-ce que nous fonctionnons différemment ? Pouvons nous faire autrement ? Qu'en pensez-vous ? »

▷ En méta-communiquant, en s'intéressant au processus, en sortant du contenu, vous prenez du recul et vous amenez votre interlocuteur avec vous. Vous sortez de l'échange tel qu'il était, en y laissant les tensions, les émotions, les difficultés et vous reprenez un échange à un niveau plus serein, dépassionné où vous et votre interlocuteur devenez partenaires dans l'analyse et la construction de la suite à venir.

▷ Lorsque vous méta-communiquez, vous offrez la possibilité à l'autre de faire des choix, d'être partie prenante de ce qui se passe entre vous, et, donc, d'être coauteur du résultat de votre relation. Se faisant, cette responsabilité induit qu'il prendrait une part importante de l'échec, s'il devait survenir.

▷ Par ailleurs, en méta-communicant et en amenant l'autre à en faire autant, vous reconnaissez votre interlocuteur dans sa capacité à contribuer à une amélioration du travail en cours, à construire la solution.

▷ Pour sortir d'un processus relationnel qui dérape (blocage, émotion, déséquilibre…).

La méta-communication met les cartes sur la table. Vous exprimez ce que vous percevez, ressentez, avez comme hypothèses. Vous sortez du contenu et vous attirez l'attention sur le processus. Vous offrez à votre interlocuteur de devenir coresponsable de ce que vous allez poursuivre ensemble.

23. Le processus parallèle

Trouvez le processus parallèle ! Vous éviterez le piège que vous tend votre interlocuteur et découvrirez son problème par rapport à la situation qu'il affronte. Vous ferez un grand pas vers la solution.

Qu'est-ce qu'un processus parallèle ?

Le processus parallèle est le phénomène par lequel notre interlocuteur nous transmet, dans la relation, son propre problème. Ce qu'il vit dans son rapport avec son problème, il le reproduit dans son rapport avec nous.

Il y a un parallèle, c'est ce qui explique l'appellation, entre ce que vous vivez avec votre interlocuteur et ce que celui-ci vit avec son problème.

✓ *Exemple de processus parallèle (confusion)*

Il vous met dans la confusion avec la description de son problème. C'est vraisemblablement qu'il est dans la confusion par rapport à sa difficulté.

Lorsqu'il vous évoque son problème, il le fait d'une manière qui vous plonge dans la confusion (informations embrouillées, allers-retours dans les événements, nombreux détails non significatifs…). C'est un processus parallèle. Il est confus dans la situation qui lui pose problème.

✓ *Exemple de processus parallèle (indécision)*

Si vous n'arrivez pas à décider ce qui pourrait le plus l'aider, c'est sûrement qu'il n'arrive pas, lui non plus, à prendre une décision face au problème qu'il a…

Votre interlocuteur n'arrive pas à décider la démarche à suivre. Il ne trouve pas la meilleure solution. Curieusement, quand vous lui posez une question, il vous répond par un argument aussitôt suivi de son contre-argument. Si vous lui proposez une piste de travail, il est d'accord, tout en soulignant qu'un autre point serait tout aussi important. Vous vous trouvez dans l'incapacité de décider avec votre interlocuteur quel problème traiter ou quel objectif fixer pour la séance. Là encore il y a processus parallèle.

Les sujets sont nombreux : défiance, refus de l'autorité, trop d'informations ou pas assez, contraintes incompatibles…

Pourquoi chercher les processus parallèles ?

🔸 Pour trouver la meilleure solution ! Le processus parallèle (la difficulté que vous percevez dans la relation avec votre interlocuteur) vous met dans la situation que vit votre interlocuteur avec sa difficulté. Donc, si vous percevez le processus parallèle, celui-ci vous indique le vrai problème de votre interlocuteur.

✓ *Par exemple*

Si dans votre relation vous vous sentez incompétent et mal à l'aise (alors que vous êtes, en temps normal, à l'aise et sûr de vos compétences), il est probable que ce qui se joue entre vous et votre collaborateur correspond à ce que vit votre collaborateur par rapport à sa difficulté. Donc, quel que soit le contenu de sa difficulté (organisation, management, difficulté technique…) il est fort probable que le fond du problème se situe dans son sentiment d'incompétence.

🔸 Pour réussir un accompagnement vraiment aidant. Ne pas percevoir les processus parallèles vous condamne à rater votre intervention ! Vous ne traitez pas le véritable problème qui amène votre collaborateur. Pire, cela renforce son malaise. Il a vécu une nouvelle fois son problème avec vous et, de plus, il s'est avéré sans solution. Donc, sa situation est grave.

Quand rechercher les processus parallèles ?

Tout le temps ! Car il est quasi systématique qu'un ou plusieurs processus parallèles se présentent. En effet, il est normal que la personne que vous accompagnez amène avec elle son attitude et son mode de fonctionnement propre qui est, sinon à l'origine, du moins une partie importante du problème qu'elle n'arrive pas à résoudre.

Avec l'expérience, vous constaterez que dans les toutes premières minutes d'un entretien d'accompagnement, vous avez déjà tous les éléments qui vous permettent de comprendre ce qui se passe et où se situe la solution.

✓ *Remarque*

Attention, comme un train peut en cacher un autre, un processus parallèle peut en cacher un autre. Vous pouvez très bien déjouer le premier qui sera flagrant et tomber dans un autre plus discret.

Par exemple, vous pouvez très vite percevoir le processus de confusion et vouloir amener votre collaborateur à en sortir, et rater complètement le fait que vous allez décider à sa place ce qui est précisément sa difficulté.

✓ *Exemple de double processus parallèle*

Un cadre en reconversion, jeune homme brillant, avait achevé ses études d'ingénieur et avait progressé à un poste important dans une entreprise. J'étais présent lorsqu'il a raconté à son responsable de formation (qui se prétendait coach) son parcours, d'où il ressortait que son père avait toujours tout décidé pour lui.

Il expliquait, de manière assez compliquée, la situation dans laquelle il se trouvait, la difficulté que cela lui faisait vivre, la reconversion qu'il avait entreprise pour sortir de son malaise [1er processus : confusion]. Il poursuivait en disant qu'il ne s'en sortait pas, qu'il ne savait pas vers quoi se diriger, qu'il avait besoin d'aide pour clarifier les choses, etc.

Son responsable de stage, formateur, consultant et qui se disait coach, donc, n'a pas perçu le processus parallèle qui pointait. Au lieu d'aider vraiment son interlocuteur par un contrat relationnel, un objectif, etc., il l'a conseillé. Il a reproduit le schéma problématique [2e processus : l'autre décide à ma place]. Comme le père de son stagiaire, il a pris le pouvoir sur lui et lui a dit : « Tu dois faire ça ! C'est vraiment ce qui te correspond... »

Le manager coach ne prend pas le pouvoir sur son collaborateur. S'il prend le pouvoir, il le prend pour son collaborateur. La différence est de taille.

Comment traiter un processus parallèle ?

1. Repérez le processus parallèle !

2. Déjouez-le ! Et, pour cela, une des méthodes est de méta-communiquer sur ce processus. Puis, renvoyez votre interlocuteur à ce qu'il vit dans sa situation réelle !

3. Demandez à votre interlocuteur ce qu'il veut faire maintenant qu'il est conscient de ce qui se passe dans votre relation et face à sa situation réelle !

4. Adoptez un comportement qui diffère ou qui va à l'opposé de celui du processus parallèle !

Il n'est pas toujours utile d'expliciter le processus parallèle, mais, en le faisant, vous donnez à votre interlocuteur l'occasion de modéliser le moyen d'en sortir. En quelque sorte, vous dites : « Voilà ! Ceci est le processus parallèle, il se passe comme ça, je vous en informe et nous allons procéder de telle façon pour le déjouer. Remarquez comment je procède, comme ça, vous saurez le refaire à l'avenir. »

Exemples d'attitudes face à un processus parallèle

*   *Face à la confusion, clarifiez les choses. Structurez les données. Soyez schématique pour mettre en relief les idées majeures ;*

*   *Face à l'indécision, décidez d'un objectif unique, même partiel, que vous atteindrez dans la séance. Par exemple une partie de la séance pourra porter précisément sur « décider du sujet traité dans la séance ». Ou alors travaillez sur le protocole de décision que vous découvrirez avec la fiche 31.*

Le processus parallèle est un piège redoutable mais qu'il est facile de déjouer dès lors que vous êtes vigilant, que vous pratiquez la troisième position perceptuelle et que vous méta-communiquez. Beaucoup de personnes s'y laissent prendre, soyez plus subtil et plus puissant ! Déjouez ce piège !

24. Les états du moi

Si vous avez une attitude « Parent » vis-à-vis de vos collaborateurs, vous les incitez à avoir une attitude « Enfant ». Adoptez une position « Adulte » et vous aurez des « Adultes » en face de vous !

Que sont les états du moi ?

Il existe trois états du moi : Parent, Adulte, Enfant, dont chacun comporte du positif et du négatif. Votre positionnement dans le positif de chaque état du moi conditionne le résultat de vos relations et des interactions avec vos partenaires.

Toutes les positions sont justes, en fonction des circonstances et des personnalités. La relation Adulte à Adulte présente l'avantage d'être égalitaire (contrairement à une relation Parent à Enfant où l'un est « supérieur » à l'autre). Elle met également l'autre en position de se prendre en charge et donc de favoriser son autonomie, même si un encouragement (apporté par le Parent Nourricier) et des règles de prudence (fixées par le Parent Normatif) sont utiles.

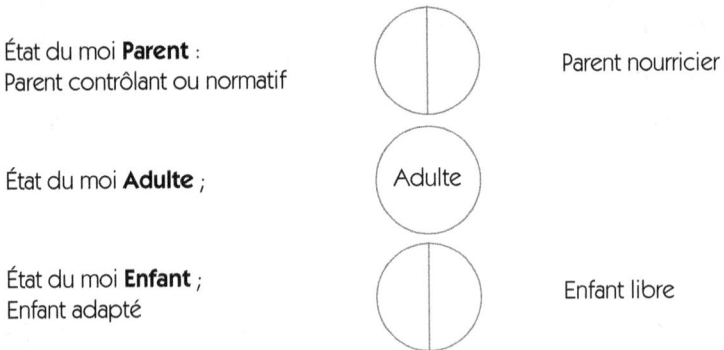

État du moi **Parent** :
Parent contrôlant ou normatif

Parent nourricier

État du moi **Adulte** ;

Adulte

État du moi **Enfant** ;
Enfant adapté

Enfant libre

À quoi correspondent les états du moi ?

▶ **Parent Contrôlant positif** : celui qui dit non, qui protège, qui établit les règles (en négatif, le persécuteur qui cherche un coupable plutôt que des solutions).

▶ **Parent Nourricier positif** : celui qui dit oui, qui permet, qui encourage, qui rassure. Il est bienveillant, il a confiance dans les capacités de l'autre à manifester son potentiel (en négatif, celui qui infantilise, qui ne délègue pas, le sauveur, qui pense à la place de l'autre qu'il juge incapable…).

- **Adulte positif** : il tient compte de la réalité extérieure et intérieure – les faits, les ressentis –, il méta-communique (en négatif, ordinateur, froid, exclusivement factuel, déshumanisé).

- **Enfant Adapté Soumis positif** : approprié, il accepte et suit les règles – par exemple, il s'arrête au feu rouge (en négatif, béni-oui-oui, servile, paillasson, ayant peur de dire non, dévalorisé).

- **Enfant Adapté Rebelle positif** : réagit, sait couper la parole quand en désaccord justifié, ose dire non (en négatif, râleur et opposant systématique, victime persécuteur qui reproche à l'autre son échec ou son problème, hérisson).

- **Enfant Libre positif** : motivé, joyeux, vivant, enthousiaste (en négatif, égoïste, irresponsable-destructeur, accusateur-persécuteur).

Comment fonctionnent les états du moi ?

Généralement, le positionnement d'un interlocuteur dans un des états du moi invite son vis-à-vis à adopter une position complémentaire. Parent → Enfant ou Enfant → Parent. Seul l'état du moi Adulte amène son équivalent : Adulte → Adulte.

Pourquoi porter votre attention aux états du moi ?

Pour choisir de fonctionner à partir de l'état du moi le plus pertinent. Avec vigilance, vous pouvez choisir de ne pas entrer dans un état du moi qui ne correspond pas à ce que vous voulez réaliser. Pour cela, l'état de transition le plus facile à établir est celui de l'Adulte. Il favorise la méta-position et la méta-communication afin de choisir, en conscience, votre attitude et votre démarche pour la suite de l'entretien.

✓ *Exemple d'expression d'un état du moi :*

Parent nourricier négatif : « *Alors mon petit Martin, vous avez bien préparé votre présentation pour la réunion ? Vous me ferez quand même relire votre introduction quand vous l'aurez rédigée ! Si vous préférez, c'est moi qui ferai la présentation, c'est plus sûr… »*

En réaction, Martin peut se comporter :

- *Soit en Enfant Soumis négatif (béni-oui-oui) : « Oui, Monsieur. Comme vous préférez. »*

- *Soit en Enfant Rebelle négatif (râleur, accusateur). Après avoir accepté la demande de son chef, et une fois devant ses collègues, il râle : « Il veut toujours tout superviser. Il ne me fait pas confiance. Il n'y a pas moyen d'être autonome. Pour un peu il me reproche-rait la disparition des marqueurs du paper-board. Je ne peux pas présenter quelque chose à mon idée, je dois lui soumettre et il fait à sa façon... »*

  Ou bien, devant son supérieur lui-même : « Mais vous m'aviez dit que je ferais la présentation. » Ou alors : « Vous ne me faites pas confiance, c'est ça ! Vous auriez pu me le dire avant, j'ai passé du temps à la préparer cette réunion. Mais bon, bien sûr, c'est vous qui décidez... »

- *Soit en Adulte : « Monsieur, quand vous m'avez demandé de faire cette présentation, c'est bien parce que vous m'en pensiez capable ?*

  — Oui.

  — Quelque chose vous a-t-il fait changer d'avis ?

  — Non.

  — Alors, si vous en êtes toujours d'accord. J'assumerai cette pré-sentation, comme convenu. »

  Ou bien, toujours en Adulte : « Si vous ne voyez pas de raison qui s'y oppose, et comme j'ai travaillé sur cette présentation et que je suis prêt à l'exposer devant l'équipe, vous êtes toujours d'accord pour que je la présente. C'est bien ça ? »

En Parent Nourricier positif (*qui prend soin, qui encourage*), *le supérieur aurait dit : « Allez-y, ça va bien se passer. J'ai confiance en vous et vous pouvez compter sur moi pour vous soutenir... »*

Chaque état du moi possède des aspects négatifs et positifs. Soyez vigilant à votre attitude et à ce qui se joue dans la relation. Position-nez-vous et affirmez-vous nettement dans le positif !

25. Les jeux psychologiques

Les jeux psychologiques pourrissent les relations et génèrent
des frustrations. Le meilleur moyen de les éviter est d'appliquer
ce que vous avez acquis jusqu'ici : contrat, cadre, clarté (du langage)
et positionnement : CCCP !

Qu'est-ce qu'un jeu psychologique ?

C'est une relation dans laquelle un des protagonistes a une attente cachée et dont le dénouement fait une victime.

✔ *Par exemple :*

- *Relation sans jeu*

   Fabienne : Raoul, passe-moi le sel s'il te plaît.

   Raoul : Tiens !

   Fabienne : Merci.

- *Relation avec jeu*

   Fabienne : Raoul, passe-moi le sel s'il te plaît.

   Raoul : Tiens !

   Fabienne : Dis donc, tu pourrais me dire quelque chose de plus sympa quand tu me le donnes !

Le jeu vient de Fabienne. Peut-être, psychologiquement, dans sa relation aux hommes, est-il ancré que les hommes ne sont pas attentionnés et courtois. La transaction (l'échange) est donc là pour valider cet ancrage psychologique. Dans cette relation, Fabienne a obtenu l'occasion de faire un reproche, ou de manifester du mécontentement. Elle vérifie et valide que les hommes ne sont pas attentionnés (sinon Raoul lui aurait dit un mot gentil). Mais, bien sûr, sa demande ne portait pas sur « passe-moi le sel avec un mot gentil ».

✓ *Autre exemple*

- *Annie demande un tableau récapitulatif des stocks à Benoît. Benoît le lui transmet. Annie le remercie.*

  La transaction est honnête, il n'y a pas de jeu.

- *Annie demande le tableau à Benoît qui le lui transmet. Annie dit : « Tu aurais pu me le proposer avant que je te le demande. Ça aurait été plus simple, tu savais que j'en aurais besoin. »*

  C'est le début du jeu. Et certainement le départ du conflit, qui fait partie du jeu et qui va apporter à Annie le résultat voulu : prouver qu'on ne l'aime pas, que le dialogue n'est pas possible, qu'elle est plus attentionnée que la moyenne, etc.

- *Annie demande le tableau à Benoît qui le lui transmet :*

  Annie : Je te demande le tableau parce que j'ai pensé à toi, comme ça le chef va remarquer ton travail.

  Benoît : Hmm, hmm !

  Annie : C'est tout ce que tu trouves à dire…

  Et c'est parti pour un jeu. Le tableau n'est qu'une amorce, un appât. Annie a voulu aider (sauver) Benoît mais ne se trouve pas récompensée. Elle trouve donc légitime de se plaindre (elle devient victime ou bourreau, mais nous verrons cela un peu plus loin).

Une vraie demande aurait été du genre :

Annie : J'aimerais que tu remarques que j'ai pensé à valoriser ton travail. Ça me ferait plaisir que tu me remercies.

Benoît : C'est vrai, je ne l'avais pas remarqué. Je te remercie de ton attention.

Comment fonctionne un jeu psychologique ?

▶ Les jeux ne sont pas explicites. Personne, consciemment, ne décide : tiens, je vais faire un jeu psychologique, je vais avoir du ressentiment, je vais blesser quelqu'un, je vais envenimer la relation.

En revanche, si la relation est explicite et claire (contrat relationnel, méta-communication, position adulte), le jeu devient très difficile.

Dans l'exemple plus haut, Raoul est la victime de l'échange car il a agi comme dans une relation saine, alors que celle-ci était prétexte à un jeu. Fabienne, quant à elle, n'a pas délibérément fait exprès. Mais, dans une certaine mesure, elle a fait exprès de ne pas clarifier sa demande. Si sa véritable attente était de recevoir une parole attentionnée, le mieux aurait été qu'elle en ait conscience et qu'elle formule une demande en ce sens.

▶ Pour qu'il y ait jeu, il faut au moins deux joueurs. Un joueur seul ne trouve pas « satisfaction » au jeu. En conséquence, si l'une des deux personnes décide de ne pas jouer, le jeu s'arrête.

Par « satisfaction » il ne faut pas comprendre quelque chose de positif. Une femme qui a la croyance ancrée depuis l'enfance que les hommes sont imprévisibles et violents va mettre en scène des jeux qui effectivement vont rendre certains hommes violents, avec des crises de colère. Dans ce cas-là, la satisfaction, le bénéfice du jeu est loin d'être agréable.

Exemple typique du jeu psychologique : le triangle dramatique. Dans ce jeu, chacun des protagonistes alterne dans les rôles de Sauveur/Victime/Persécuteur (ou Bourreau).

✓ Exemple de triangle dramatique

Marthe (Victime) : Je ne m'en sors pas avec mes enfants. Ils sont infernaux.

Gabrielle (Sauveur) : Tu devrais être plus ferme avec eux.

Marthe (Victime) : Oui mais quand je fais ça, ils se mettent à pleurer...

Gabrielle (Sauveur) : Tu n'as qu'à les laisser pleurer. Ça leur fera du bien.

Marthe (Victime) : Oui mais, alors, je subis encore leurs cris. Je ne le supporte plus.

Gabrielle (devient Persécuteur) : Tu m'énerves. De toute façon avec toi, il n'y a jamais moyen d'arriver à quelque chose.

Marthe (Persécuteur à son tour) : Tu n'es vraiment pas une amie. Je te parle d'un problème et tu m'accables...

Gabrielle (devenue Victime) : Oui mais... [Ou alors] Oh ! Excuse-moi, je ne voulais pas...

Triangle dramatique
Victime

Persécuteur   Sauveur

Reprenons les mêmes personnages dans le cadre du travail. Le discours est quasiment identique. Sa structure reste inchangée.

Exemple de triangle dramatique dans le travail :

Marthe (Victime) : Je ne m'en sors pas avec le dossier Kikoince. Il est hypercompliqué.

Gabrielle (Sauveur) : Tu devrais te détendre, c'est juste une question de méthode.

Marthe (Victime) : Oui mais comme je n'arrive pas à m'en sortir, ça me stresse…

Gabrielle (Sauveur) : Justement, raison de plus. Tu n'as qu'à décider de te déstresser.

Marthe (Victime) : Oui mais, pour parvenir à me détendre, je dois m'arrêter d'y travailler et alors je n'avance plus.

Gabrielle (Persécuteur) : Tu m'énerves. De toute façon avec toi, quoi qu'on te dise, il y a toujours quelque chose.

Marthe (Persécuteur à son tour) : Tu n'es vraiment pas sympa. Je te parle d'un problème et au lieu de m'aider, tu me critiques…

Gabrielle (devenue Victime) : Mais j'ai essayé de t'aider… [Ou alors] Pardon, je ne voulais pas…

Qu'est-ce qui caractérise le jeu dans le triangle dramatique ?

▶ Un des points qui caractérisent le « jeu » est que le but de la demande n'est pas celui qui est officiellement exprimé. Le demandeur tourne, d'une façon ou d'une autre, les choses au détriment de son partenaire.

 Par ailleurs, assez souvent, la victime n'exprime pas franchement une demande d'aide ; souvent, son ton plaintif suffit à activer le sauveur chez son partenaire de jeu.

 Un des protagonistes lance une amorce et l'autre la saisit. Les deux participent.

Si en revanche une victime lance un appât mais qu'en face son interlocuteur ne se place ni en sauveur ni en persécuteur, le jeu ne se produit pas.

✓ Exemple de non-jeu

Benjamin : J'en ai marre, je ne m'en sors pas. Et je me sens terriblement nerveux à l'idée de rencontrer cet acheteur.

Victor : Est-ce que tu as une demande par rapport à ça ? [Victor fait en sorte d'expliciter la relation et la demande, base d'un contrat relationnel]

Benjamin : Heu…, non, non, je disais ça comme ça. !

Pas de jeu

Autre jeu classique, le jeu du « sans X » : sans le projet Montmeyrand…, sans les syndicats…, sans le concurrent Kessibonlui, sans la restriction budgétaire…

✓ Exemple de jeu « sans X »

Le cas de Monsieur Jouheux. Quand il discute avec ses collègues, Monsieur Jouheux tient souvent ce discours : « Sans Montval, mon projet aurait été accepté (Montval est le secrétaire général de l'entreprise, membre du comité de direction)… Sans Montval, j'aurais déjà obtenu une promotion. Mais il ne peut pas me saquer et il fait tout pour me nuire… Sans Montval, je pourrais exprimer toute ma mesure et faire passer mes idées novatrices… Sans Montval vous verriez comme je rendrais cette usine plus performante… Sans Montval, j'animerais et je dynamiserais les équipes… »

« Sans Montval » fournit une sorte de statut social à Monsieur Jouheux. Car il lui procure matière à presque toutes ses discussions. Avec ses collègues, avec son épouse, avec ses amis. « Sans Montval » lui fournit également un statut professionnel : Monsieur Jouheux a un

fort potentiel professionnel et sans Montval il serait quelqu'un de formidable qui réussirait de façon extraordinaire.

Les collègues de Monsieur Joubeux sont complices puisqu'ils l'écoutent et « jouent son jeu ».

Suite à un grave accident, Monsieur Montval doit s'absenter de l'entreprise pendant 8 mois. Après quelques semaines, Monsieur Joubeux n'a plus grand-chose à dire à ses collègues. Il prend conscience qu'il n'a rien d'un leader charismatique. Malgré ses efforts de réflexion, il ne trouve pas d'idée géniale pour dynamiser l'entreprise. Et quand sa femme lui demande si cette année il va enfin obtenir la promotion qu'il mérite, il se sent très mal à l'aise.

Il y avait jeu, car « sans Montval » apportait un bénéfice à Monsieur Joubeux, au détriment de Monsieur Montval. Il avait une conversation et il conservait intact ses rêves de réussite.

Dans ce cas de figure, la communication et la méta-communication peuvent permettre à Monsieur Joubeux de prendre conscience de son fonctionnement (ce qui peut être douloureux) et de discuter avec lui des autres attitudes possibles.

Pourquoi s'intéresser aux jeux psychologiques ?

- Parce que vous êtes manager, manager coach ou coach et que vous ne pouvez pas vous permettre de jouer à cela :
- Les jeux donnent des « satisfactions » ou des « bénéfices » négatifs, comme nous l'avons vu ;
- Ils détériorent les relations et favorisent les situations de tension, de crise, de blocage ;
- Ils figent les personnes dans leurs stratégies de jeu. Si elles n'en sortent pas, elles s'entraînent à les jouer et les renforcent ;
- Et comme les « bénéfices » sont négatifs, ces personnes vont fonctionner de moins en moins bien, au détriment de tous : elles-mêmes, leurs interlocuteurs, l'équipe dans laquelle elles travaillent…
- Les jeux apparaissent naturellement si vous n'y prêtez garde. Vous pouvez, si vous n'êtes pas explicite, entrer dans le jeu du Sauveur sous prétexte d'aider un collaborateur ou de le faire progresser. Mais vous courez le risque de le maintenir Victime, ou de réveiller un Persécuteur ;

- Si vous participez au jeu, non seulement vous n'aurez pas aidé votre interlocuteur, mais vous aurez renforcé sa stratégie de jeu, vous aurez dégradé votre relation, vous aurez perdu en crédibilité. De plus, vous aurez raté votre objectif, le vrai, celui qui commandait votre accompagnement.

Au contraire, vous pouvez sortir d'un jeu dès que vous vous en rendez compte.

Comment sortir d'un jeu psychologique ?

- **En n'y entrant pas.** Avec les fiches précédentes, vous avez étudié comment poser le cadre et le contrat relationnel, comment parler avec précision, ce qu'est la méta-communication, ce qu'est la position Adulte, et l'avantage de l'adopter. Vous posez ainsi les bases d'une relation saine et constructive, et sans possibilité de jeu (si tant est que vous y restiez vigilant).

- En en sortant le plus vite possible.
  1. Vous constatez le jeu : arrêtez-vous !
  2. Réfléchissez à ce qui vient de se produire !
  3. Méta-communiquez !
  4. Posez la question de votre objectif !
  5. Mettez en place le cadre relationnel, et validez-le !
  6. Reprenez l'échange sur ces nouvelles bases !

✓ Exemple

Votre collaborateur est responsable d'un projet qui n'avance pas selon le planning. Vous avez convenu de plusieurs rendez-vous de suivi pour faire évoluer la situation (et le projet). Vous avez posé l'objectif de cet entretien, ses conditions, ce que vous alliez travailler et comment. Pourtant, au bout d'un moment, vous vous rendez compte que votre collaborateur se comporte en victime : « Oui mais..., c'est la faute à..., j'ai essayé mais..., je voudrais bien..., il faudrait que... mais..., je ne sais pas comment faire pour..., je n'arrive pas à... »

1. Faites une pause !

2. *Demandez-vous si vous n'avez pas répondu à ses remarques en proposant des idées ou des solutions [Sauveur]. Demandez-vous comment et à quel moment le dérapage s'est produit. Rappelez-vous le contrat que vous avez passé.*

3. *Vous : « Monsieur Ginoux, je viens de me rendre compte que lorsque je vous disais… vous répondiez par oui mais… Je constate que nous ne sommes plus dans le contrat du début de notre entretien qui était… ça, ça et ça. Est-ce que vous le percevez, vous aussi ?*

   Ginoux : Euh, oui, c'est vrai !

4. *Vous : Alors je vous demande : quel est l'objectif que nous voulons atteindre dans cet entretien ?*

   Ginoux : C'est…

   Vous : A-t-il changé depuis le début de notre rencontre ou gardons-nous le même ?

5. *Ginoux : Nous le gardons ainsi que les termes de notre fonctionnement.*

   Vous : Je serais vigilant à le respecter. De votre côté, je vous engage à dire les choses franchement et si vous avez une demande spécifique à faire, surtout formulez-la !

6. *Vous : Êtes-vous d'accord pour que nous reprenions ?*

   Ginoux : Oui.

   Vous : Bien. Nous en étions à… »

Soyez clair avec vous-même et avec l'autre sur ce que vous attendez de la relation et sur son déroulement ! Vous garderez le contrôle du processus et éviterez les jeux dangereux.

Histoire du moine borgne et de l'étudiant sage tibétain

Un étudiant tibétain déjà bien avancé sur le chemin de la sagesse, frappa un soir à la porte d'un monastère réputé pour la qualité de son accueil et l'érudition des moines y séjournant. Il souhaitait passer quelques jours avec la communauté afin de s'enrichir de leurs échanges. Sa réputation était déjà bien établie et il ne doutait pas de passer un séjour à la fois agréable et très enrichissant.

La coutume voulait pourtant qu'avant d'être admis, tout visiteur, fût-il un hôte de marque, passât avec succès l'épreuve d'une « disputation » avec le moine portier. À vrai dire, ce cérémonial, plus courtois que discriminatoire, tenait surtout lieu de rite d'accueil.

Le sort voulut que ce jour-là, le moine portier fût malade. Que le seul moine disponible qui resta fût un moine borgne, un peu simplet et rogue, que ses collègues encadraient d'une sollicitude parfois inquiète.

Mais, la règle étant la règle, l'étudiant et le borgne furent introduits dans un parloir pour y faire mutuellement état de leur savoir.

L'entretien ne dura que quelques minutes. On entendit claquer la porte et l'étudiant quitta le monastère à grandes enjambées. Surpris, l'hôtelier se précipita à sa suite et, l'ayant rejoint, lui demanda respectueusement la raison de ce départ précipité.

« Je savais, répondit l'étudiant, que vous étiez des hommes remplis de sagesse. Mais l'examinateur que vous m'avez désigné surpasse ce que je pouvais imaginer. Voyant qu'il me faisait un geste d'accueil et restait silencieux, je compris qu'il m'invitait à m'exprimer le premier, et par signes. Décontenancé, et impressionné par une telle sobriété, j'ai levé le doigt pour signifier : Bouddha est un.

Sa réponse a été immédiate. Il m'a montré deux doigts pour me faire comprendre que toute chose est duale : le recto/le verso, le haut/le bas ; que bouddha est inséparable du peuple. Alors, j'ai dressé trois doigts : le corps, l'esprit, l'âme. Bouddha, le peuple et les écritures.

Doué d'une sagesse et d'une agilité d'esprit incroyable, il a aussitôt levé la main en joignant les doigts. Bien sûr : tous trois ne font qu'un. Le tout est dans l'unité. Tout était dit. Devant la pénétration de cet esprit et la rapidité de ses réparties, j'ai compris que j'avais le dessous et je me suis senti indigne de demeurer plus longtemps parmi vous. »

L'hôtelier dut faire preuve de toute son ingéniosité pour persuader l'étudiant de revenir sur sa décision.

Très intrigué, il désirait mieux comprendre le déroulement de cet étrange entretien et s'en enquit auprès du moine borgne.

Ce dernier était encore rouge de colère.

« Ne me faites plus rencontrer un insolent de cet acabit ! Aussitôt entré à sa suite au parloir, je lui ai fait un geste de bienvenue. Lui, pour toute réponse, lève un doigt, pour ironiser sur mon œil unique. Aussitôt, faisant preuve de bienveillance, je lève deux doigts pour répondre que lui, en tout cas, dispose de ses deux yeux. Et ce butor me montre alors trois doigts pour rétorquer qu'à nous deux, nous n'en avons jamais que trois. Je n'ai pu me retenir de lui montrer le poing, il a aussitôt filé sans demander son reste ! »

Lecture de pensée : ce que nous croyons que pense l'autre. À partir de cette croyance, nous modulons notre attitude, notre comportement, notre discours. L'autre, souvent, en fait tout autant.

Le meilleur moyen de valider une hypothèse, d'être sûr de ce que pense l'autre, c'est encore de le lui demander.

Chapitre 5

Orientez vers le résultat

*La part active du manager coach augmente. La position basse
et le questionnement s'estompent pour laisser la place à un travail
qui s'apparente davantage à celui du guide.*

Nous avons posé les fondations d'une relation constructive. Nous
avons un cadre relationnel, une relation franche, des propos sans
ambiguïté. Nous déjouons les pièges et permettons à notre interlocuteur de les éviter aussi et d'en sortir. Le terrain est déblayé, les fondations sont solides.

Nous avons des bases saines, maintenant nous pouvons construire.

26. La formulation positive

Parlez de façon affirmative et positive : ça marche !

Qu'est-ce que la formulation positive ?

C'est une façon de s'exprimer qui utilise une tournure de phrase positive (pas de négation) ou affirmative (non interrogative) et qui emploie des mots à connotation positive et agréable. Par exemple : évidence, facile, solution, aisance… par opposition à : problème, difficile, ennui, grave, effort…

Pourquoi éviter la formulation négative ?

✓ Exemple de formulation négative

Si je vous dis : « Ne pensez pas à la couleur rouge ! »

À quelle couleur pensez-vous ?

Le cerveau, aussi complexe soit-il, a un fonctionnement très simple. Des millénaires l'ont formé pour voir, entendre, ressentir, sentir. Il traite des données, des informations. Il ne perçoit pas les « non-données », pas plus que les « non-perceptions ». Il ne sait pas « non-faire »…

La négation de quelque chose focalise sur ce quelque chose. Le cerveau doit donc faire un effort, avec plus ou moins de succès, pour rétablir la signification.

✓ Exemple de l'effet d'une formulation négative :

Si je vous dis : « Ne pensez pas à un éléphant rayé ! »

Pour « ne pas voir » un éléphant rayé, le cerveau sur-travaille. Comme il ne peut pas ne pas penser, il pense d'abord à un éléphant rayé. Ensuite, il doit retrouver à quoi ressemble, par rapport à un éléphant rayé, un éléphant non rayé. Ensuite, encore, il retrouvera un éléphant normal. Enfin, seulement, il réalisera qu'il peut penser à autre chose.

Mais, d'une manière générale, cela est d'autant plus difficile pour le cerveau que l'impulsion d'une direction lui est donnée. Sa tendance naturelle va donc être d'aller dans ce sens premier : penser à un éléphant rayé.

Répétition, fatigue, stress, inattention, répétition : le cerveau va d'autant plus fonctionner avec l'information sans la reconditionner. Si la formulation est négative, dommage !

Pire, souvent une double négation est utilisée. Dans le terme et dans la forme grammaticale.

Quand vous dites « n'oubliez pas », le cerveau reçoit d'abord « oubliez ». Pas de problème veut dire avant tout « problème » ! Inquiétant, non ?

Illustration quotidienne : « N'oubliez pas les photocopies dans le rapport ! »

Exemple de termes négatifs, ou à connotation négative

Oublier, rater, échouer, erreur, peur, problème, retard, grossir, aucun, défectueux, inadmissible, maladie, difficile, compliqué, tromper…

Exemple de double aspect négatif (négation et terme négatif)

- *« Je ne veux aucun retard dans ce travail. »*
- *« Il n'est pas question d'échouer dans cette négociation. »*
- *« Ce n'est pas compliqué, vous ne pouvez pas vous tromper. »*

Êtes-vous vraiment sûr que c'est ce que vous voulez ? Oubli, retard, échec, inquiéter et faire rater. Pourtant, c'est ce que vous avez induit chez votre interlocuteur.

Comment formuler positivement ?

C'est simple : Po-si-ti-vez ! C'est facile, en un clin d'œil vous aurez compris et avec un gramme de pratique vous saurez le faire naturellement. C'est une petite gymnastique intellectuelle, un vrai un jeu d'enfant, tant c'est facile : utilisez la forme affirmative, voire impérative ! Préférez des termes à la signification positive !

C'est tellement simple. Et pourtant, combien de fois entendons-nous :

- « N'oubliez pas de prévenir Martin que le rendez-vous n'est plus à 9 h 00 ! »
- « Chérie, n'oublie pas de me rappeler de ne pas laisser mon costume au pressing ! »

Donc :

- Utilisez une construction affirmative !
- Utilisez des termes positifs !

Pourquoi utiliser la formulation positive ?

◗ La formulation positive est beaucoup plus valorisante pour l'autre en termes de reconnaissance et de motivation. Vous êtes derrière et vous le poussez pour l'aider à avancer. Dans son axe. Une autre tournure de phrase, une formulation négative reviennent à tirer l'autre par le côté tout en essayant de le faire avancer tout droit. Ça marche aussi, dans une certaine mesure... Mais pourquoi viser quarante quand vous pouvez plus agréablement atteindre cent ?

◗ La formulation positive crée une dynamique orientée dans le bon sens. Celui de ce que vous voulez obtenir.

◗ Elle est plus facile à gérer pour le cerveau de votre interlocuteur, vous le rendez donc plus directement opérant.

◗ Elle est, en général, plus efficace, en terme de résultat de communication qu'une formulation négative ou interro-négative. Profitez-en !

Quand utiliser la formulation positive ?

◗ Pour donner une consigne, pour guider.

◗ Pour encourager, stimuler.

◗ Pour transmettre une information.

◗ Pour communiquer.

◗ Pour passer un contrat.

◗ Pour méta-communiquer.

Que ce soit par le fonctionnement du cerveau ou par ses ressorts psychologiques, l'être humain réagit mieux face aux formules positives. Formulez positivement !

27. La formulation d'objectif

*Pour celui qui ne sait pas vers quel port il navigue,
nul vent n'est favorable (Sénèque). Donc : déterminez votre objectif !
Formulez-le de la meilleure façon !*

Comment formuler un objectif ?

Les bonnes conditions de formulation d'un objectif sont : formulé positivement ; sous contrôle ; dans le contexte ; testable ; écologique.

Formulé positivement

Vous savez faire.

✓ Par exemple

« Je veux rentrer et être à l'aise dans du 38 et je veux me sentir en forme. » Plutôt que : « Je veux perdre du poids. »

« Faites-moi un compte rendu pour mardi matin, lors de la réunion ! » Plutôt que : « N'oubliez pas de me le rappeler avant qu'il ne soit trop tard ou avant que je ne l'oublie ! »

Sous contrôle

Les éléments de l'objectif doivent dépendre de la personne ?

✓ Par exemple

Nous organisons un pique-nique. Je m'occupe du repas, Gérard s'occupe de la voiture et Ernest qu'il fasse beau et que ça se passe bien… Qu'il fasse beau n'est pas sous le contrôle d'Ernest. S'il accepte cet objectif, il accepte l'impossible, et donc l'échec.

Sous contrôle signifie qui ne dépend que de vous. Obtenir une augmentation n'est pas sous votre contrôle exclusif. La demander, si. Obtenir une augmentation n'est peut-être qu'une conséquence. Si je contribue à augmenter le chiffre d'affaires de 20 % et les marges de 10 %, à conquérir 30 nouveaux clients grands comptes, à apporter satisfaction à mon supérieur sur chacun des projets qu'il me confie et qu'ensuite je lui demande une augmentation ou une promotion...

Dans le cas du pique-nique, Ernest acceptera comme objectif de vérifier les prévisions météo et de nous informer des éventuelles mesures à prendre.

Dans le contexte

Où, quand, comment, avec qui ?

✓ Par exemple

Je veux partir en vacances avec mon époux et mes enfants. Nous irons avec notre voiture. Nous partirons le lundi matin. Nous irons à la maison de campagne de mes parents. Entre le 14 juillet et le 15 août. Nous emporterons, entre autres, les affaires de toilettes, les restes du frigo et du congélateur et des jeux de société.

« Oui, oui. Je vais le faire ! » Si quelqu'un vous dit cela et que vous vous en contentez, vous risquez d'être déçu. C'est comme si vous acceptiez un règlement client à 300 jours/fin de siècle/le 29 février, ou alors le classique : « Demain on rase gratis ! » En revanche, « OK, je te le fais pour demain 17 h 00 » est bien plus crédible.

Testable

Que verrez-vous, sentirez-vous, entendrez-vous, ressentirez-vous, aurez-vous, quand vous aurez atteint votre objectif ou que vous serez en train de le réaliser ?

✓ Exemple de test pour l'objectif « faire le plein de la voiture »

Samedi matin, à la station de la grande surface, vous serez arrêté à côté de la pompe, le pistolet dans le réservoir se sera déjà bloqué une fois, les chiffres défileront sur la pompe lentement, pour remplir jusqu'à raz bord le réservoir. Vous aurez un peu frais (ou un peu chaud) par rapport à l'intérieur de la voiture. Vous entendrez le bruit des pompes. Une odeur d'essence et de gas-oil flottera dans l'air. Vous aurez une main sur le pistolet, l'autre sur le bord de la voiture...

Vous voyez, sentez, ressentez, entendez.

✓ *Exemple d'éléments testables pour l'objectif « je veux améliorer les délais de traitement de notre hotline »*

Je le verrai dans les tableaux de bord. Le temps d'attente sera passé sous 2 minutes. Les enquêtes de satisfaction clients que je lirai me le confirmeront. J'entendrai les remerciements des clients. Le nombre de dossiers non achevés en fin de semaine aura baissé d'au moins 20 %, etc.

Écologique

L'objectif est-il respectueux de vos valeurs et du système dans lequel vous vivez ?

✓ *Par exemple*

Pour mener à bien deux projets simultanés, vous travaillez deux fois plus. En l'occurrence, votre objectif est formulé positivement, sous votre contrôle, vous déterminez où, quand et comment, vous verrez vos tableaux de bord et de suivis… En revanche, est-ce écologique pour vous de travailler 18 heures par jour ? De ne pas voir votre famille ? De manger des sandwichs pendant des mois, collé à votre écran ? Est-ce respectueux de vos valeurs, de votre système et du système dans lequel vous évoluez (équipe, entreprise, famille…) ?

Écologique, c'est en quelque sorte le prix à payer pour réaliser votre objectif ; est-il acceptable ?

Pourquoi utiliser cette formulation d'objectif ?

Parce qu'elle est efficace.

✓ *Remarque*

Si déjà l'un des points de la formulation de l'objectif est manquant ou défaillant, il y a fort à parier que votre objectif ne sera pas atteint ou alors, seulement dans la mesure de ce qui aura été formulé, c'est-à-dire de façon incomplète.

La formulation d'objectif est incontournable :

- Pour atteindre vos objectifs ;
- Pour transmettre vos objectifs ;

- Pour aider votre interlocuteur à atteindre ses objectifs.

Quand, et pour qui, être vigilant par rapport aux objectifs ?

Pour vous-même, assurez-vous que votre objectif remplit les cinq conditions :

- Formulé positivement ;
- Sous contrôle ;
- Dans le contexte ;
- Testable ;
- Écologique (prix à payer, conséquences).

Pour transmettre vos objectifs :

- Formulez votre objectif à votre interlocuteur selon les cinq conditions en les distinguant nettement pour les lui rendre perceptibles ;
- Validez avec lui sa compréhension et son accord sur l'objectif et ses conditions.

Pour aider votre interlocuteur à atteindre ses objectifs :

- Posez-lui les questions qui amènent la formulation des cinq conditions ;
- Validez ou faites-lui valider la faisabilité des conditions énoncées ;
- Par rapport à ces conditions, demandez-lui s'il aurait encore besoin de quelque chose (éclaircissement, ressources, soutien, conseil…).

Vous voulez atteindre vos objectifs ? Formulez-les de la bonne façon : positivement, sous contrôle, dans leur contexte, testables, écologiques !

28. La structure d'un entretien d'accompagnement

RPBDCA :
Réel, Problème, Besoin, Demande, Contrat, Accompagnement.

Elle est très simple et pourtant c'est *la* structure, la démarche efficace d'un entretien d'accompagnement.

Quelle est la structure d'un entretien ?

C'est : RPBDCA – Réel, Problème, Besoin, Demande, Contrat, Accompagnement.

Le réel

Quelle est la situation, le contexte, quels sont les intervenants ? « Le réel » est un bref historique ou un plan d'ensemble. Il répond aux questions : Quoi ? Où ? Comment ? Qui ? Combien ? Pour quoi ?

La personne confrontée à un problème qui vous consulte pour l'aider à trouver une solution peut facilement se (vous) perdre dans les détails, faire des associations libres (coq à l'âne), s'impliquer émotionnellement et mélanger des faits avérés avec des impressions et des appréciations influencées par ses sentiments (jugements, opinions, interprétations…).

Vos : - questionnements,
   - silences,
   - reformulations,
   - synchronisations,
   - méta-communication
   - rappels du cadre et du contrat vont l'aider et vous permettre de faire le tri afin d'établir le Réel.

Le problème

Le problème est l'écart entre la situation actuelle et la situation désirée. Quel est le problème ? Est-ce votre problème ? N'incombe-t-il pas à quelqu'un d'autre ? Auquel cas le travail serait inutile. En quoi est-il important de traiter *ce* problème plutôt qu'un autre ?

Distinguer cet écart entre situation telle qu'elle est et situation désirée, mettre en évidence « le problème » est une étape indispensable.

Certaines personnes confondent la situation avec le problème ou, plus fréquemment, la conséquence du problème avec le problème lui-même.

✓ Par exemple

La baisse des ventes est une conséquence. Le problème peut être la gamme, les prix, les produits... De la même façon, la baisse des ventes peut devenir une cause (ambiance dégradée, trésorerie tendue...).

La mauvaise communication avec un collaborateur, la tension entre les membres de l'équipe sont-ils un problème (oui, bien sûr, je ne prétends pas le contraire) ou une conséquence (liberté de parole, jugement, parti pris, personnalité, conflit...) ?

Il convient de déterminer ce qu'est le problème par rapport à notre interlocuteur. Le problème est de sa responsabilité et il peut le travailler à son niveau. Autrement, il peut s'agir d'une conséquence subie ou d'une cause qui lui échappe.

Dans la mesure où vous ne pouvez travailler qu'avec la personne en face de vous, inutile d'essayer de régler avec elle quelque chose qui dépend de quelqu'un d'autre.

Le besoin

L'analyse du réel et du problème de votre vis-à-vis vous permet d'établir un diagnostic du besoin de cette personne par rapport à la situation.

Il n'est pas toujours pertinent d'en faire part aussitôt à votre interlocuteur, du fait de son stade d'évolution ou de sa méconnaissance du problème. Parfois, ce que la personne perçoit comme le problème n'est en fait qu'un problème annexe, où la conséquence d'un autre problème situé en amont.

Que faut-il, dans l'idéal, pour régler le problème ? Quel est le besoin ?

✓ Exemples de besoin

C'est un manager qui demande de l'aide pour motiver son équipe (c'est ce qu'il perçoit comme problème et c'est également sa demande) et qui a, en réalité, besoin de « réassurance », de confiance en lui et de délégation. Ce besoin d'assurance et de délégation de la personne ne se règle pas de la même façon que le manque de motivation des autres.

C'est le cas d'un patron qui demande de l'aide pour améliorer l'efficacité de son équipe mais qui ne perçoit pas que son attitude autoritaire et blessante est à l'origine du manque d'initiative et d'implication de ses collaborateurs. Son besoin se situe au niveau de son relationnel, de son positionnement et de sa communication alors que le besoin qu'il perçoit est celui de l'organisation et de la motivation.

C'est votre rôle de manager coach de déterminer et de répondre au besoin.

Un peu comme disait Coluche, une personne au chômage a un problème : elle n'a pas d'emploi. Mais donnez-lui de l'argent, elle s'en satisfera. Car le besoin est bien plus d'avoir de quoi vivre que d'avoir un emploi.

En réglant le problème, vous donnez de l'aspirine qui fait disparaître la douleur. En satisfaisant le besoin, vous corrigez l'origine de la maladie et vous guérissez le patient.

La demande

La demande revêt deux aspects :

- La demande portant sur le contenu : quel objectif votre interlocuteur veut-il atteindre ?
- La demande portant sur le processus : comment pouvez-vous l'aider ? Qu'attend-il de vous ?

Le contenu, ce sont les légumes. Le processus, c'est la manière et l'ordre dans lequel vous les mettez en œuvre pour obtenir l'objectif qu'est la soupe.

Nous partons du principe que le client a une demande et qu'il l'exprime. Sans demande, pas d'accompagnement. Si l'autre ne vous demande rien et que vous intervenez pour l'aider, vous risquez de tomber dans un jeu, psychologique, dans le rôle du Sauveur.

Vous devez absolument valider la demande avec votre collaborateur. À la fois sur le contenu et sur le processus ; le quoi et le comment. Si vous ne le faites pas, vous risquez des dérives (jeux, prendre le singe sur votre épaule, donner du poisson et non une canne à pêche…).

Le contrat

Comme la demande, le contrat portera notamment sur les deux aspects : processus et contenu. C'est-à-dire sur le résultat escompté et sur votre rôle de manager coach.

Soulignons qu'en fonction de sa perception de la situation, vous pouvez proposer un contrat qui ne reprenne pas nécessairement tous les éléments de la demande (par exemple, demande de sauvetage ou écart important entre la demande et le besoin perçu).

✓ Exemple de contrat

Si j'ai bien compris, vous voulez que je vous aide pour l'élaboration d'un système qui limiterait l'absentéisme dans notre unité de Marseille. C'est bien ça ? [Reformulation]

— Oui !

Je vous propose de travailler pendant une heure sur ce sujet. Je vous poserais des questions sur ce qui existe, sur ce que vous envisagez et sur comment vous comptez le mettre en place. Je vous ferai éventuellement des remarques et j'attirerai votre attention sur les points qui me paraissent importants ou à approfondir. [Contrat] Est-ce que vous êtes d'accord ? [Validation du contrat]

— Oui, tout à fait.

Accompagnement

Une fois le contrat passé, il ne vous reste plus qu'à accompagner votre interlocuteur jusqu'à l'objectif que vous aurez arrêté. Pour cela, vous appliquerez ce que vous aurez convenu dans le contrat en terme de moyens.

La séquence RPBDCA est la base. C'est le préambule et la première partie d'un accompagnement. Si vous avez peu de temps lors d'une séance, il faut au minimum que vous boucliez le RPBDC. Il conditionne la suite.

Si vous prenez un bon départ, vous avez 80 % de chance d'arriver à destination sans gros ajustement. Si, au contraire, vous prenez un mauvais départ, les efforts à fournir pour atteindre quand même l'objectif seront beaucoup plus importants.

Pourquoi appliquer le RPBDCA ?

Parce que le respect de RPBDC conditionne le travail et sa réussite. Ce protocole peut prendre 3 minutes comme vingt, peut importe ! Ce qui compte c'est qu'il soit bouclé.

Avec le RPBDC vous avez la situation, la difficulté que rencontre votre interlocuteur, ce qui pourrait y apporter remède, pourquoi votre interlocuteur fait appel à vous, comment vous allez l'aider et travailler ensemble.

Les fondations sont indispensables à un immeuble, tout comme le scénario pour un film. Le RPBDCA représente la même importance pour un accompagnement ! Ce protocole est simple à retenir et facile à appliquer. Appliquez-le systématiquement !

29. Quel type de changement vous faut-il ?

Vous pouvez appuyer sur l'accélérateur ou passer la vitesse supérieure. Réalisez le type de changement qui convient à votre objectif !

Changer, pourquoi ?

- Parce que s'adapter à un environnement qui change, c'est changer.
- Parce que grandir ou évoluer, c'est changer.
- Parce que pratiquer une méthode différente que celle qui vous a conduit à une situation insatisfaisante, c'est changer.
- Parce qu'innover, c'est changer.

✓ *Exemple de besoin de changement*

Monsieur Pointilleux prépare ses exposés avec une extrême précision. Il construit des présentations pleines de tableaux chiffrés, très détaillés, pour convaincre son auditoire du bien-fondé de ses préconisations. Pourtant, cet auditoire semble rapidement décrocher.

Monsieur Pointilleux décide alors de changer sa façon de faire. Il s'applique pour la réunion suivante à appuyer son exposé de graphiques et d'une présentation qu'il projette sur écran. Curieusement, au fil des tableaux et de la présentation, son auditoire semble s'intéresser de moins en moins à ses propos et ne pas être convaincu du tout. Le « changement » de Monsieur Pointilleux n'a pas donné le résultat escompté…

Quels sont les deux types de changement ?

- **Changement de type 1 : changement à l'intérieur du même système.** En voiture, c'est le cas lorsque vous accélérez en appuyant d'avantage sur l'accélérateur. Il y a bien changement, vous roulez plus vite. Mais cela ne modifie pas le système lui-même.
- **Changement de type 2 : il s'agit d'une modification de la façon dont fonctionne le système.** En voiture, vous passez la vitesse supérieure. Il y a donc modification substantielle de la vitesse

mais, également, une diminution du régime moteur. Vous avez utilisé l'embrayage, passé la vitesse supérieure, vous roulez beaucoup plus vite. Le fonctionnement du système est modifié.

✓ *Exemple de changement de type 2*

Monsieur Pointilleux, plutôt que faire plus de la même chose, décide de réellement changer d'attitude.

Lors de la réunion suivante, il demande à ses interlocuteurs leur avis, leur pose des questions. Il leur demande de partager leurs opinions, de faire des propositions. Il leur fait jouer un jeu. Il les fait participer.

Au début, ses auditeurs sont surpris et même dérangés par ce changement et cette demande de participation. Mais Monsieur Pointilleux a bien préparé son coup. Il amène les choses en douceur. Il fait un peu d'humour sur son comportement passé. Il commence par un aspect du sujet facile à aborder par tous…

Comment déterminer le changement nécessaire ?

Si vous êtes à fond de la troisième vitesse et que vous voulez aller plus vite, inutile d'appuyer davantage sur l'accélérateur. Il vous faut passer en quatrième.

Donc, c'est simple :

Si un peu plus de la même chose vous apporte la satisfaction à votre besoin (accélérer pour aller de 60 à 70), alors vous êtes dans un changement de niveau 1 ;

Si ce que vous avez tenté, en faisant un peu plus, ne vous a pas satisfait, (vous voulez passer de 60 à 130), si le système lui-même doit évoluer, vous avez besoin d'un changement de niveau 2.

Repensez aux niveaux logiques (fiche 12) ! Si vous voulez changer de comportement, vous pouvez décider de faire autrement (comportement) : changement de niveau 1. Mais peut-être vous faut-il changer de capacités : changement de niveau 2. *Idem* si vous voulez changer vos capacités. Peut-être y arriverez-vous, mais peut-être aurez-vous besoin de changer vos croyances…

Bien sûr, il est plus facile d'appuyer davantage sur l'accélérateur que de lever le pied de l'accélérateur et simultanément de débrayer, de changer la vitesse, puis de relâcher l'embrayage, d'accélérer de nouveau.

De plus, si vous avez roulé entre 60 et 70 km/h pendant des années, passer à 130 implique de nombreux paramètres différents : aérodynamique, renforcement de la structure, freinage, airbag, tenue de route…

C'est pourquoi il importe de savoir quel type de changement vous allez accompagner et comment.

Différences selon le type de changement souhaité

Type de changement	Accompagnement	Objectif
Changement de type 1	Soutien, coaching de performance	Identification et résolution d'un problème
	Formation	Montée en compétence
Changement de type 2	Coaching de croissance	Changement profond (dans un champ délimité)
	Life coaching thérapie	Changement profond et global

✓ *Remarque*

Si vous faites ce que vous avez toujours fait, vous obtiendrez ce que vous avez toujours obtenu.

Si vous voulez un véritable changement (changement profond de niveau 2), ce n'est pas en faisant plus de la même chose que vous l'obtiendrez.

30. Changements et processus de deuil

Changer induit la perte, de tout ou partie, de ce que nous avons connu. Cette perte induit un deuil. Pour favoriser ou gérer le changement sachez comprendre et accompagner le deuil !

Nous allons aborder le processus du deuil. Mais ce qui importe surtout, c'est de savoir comment un manager peut faire pour accompagner et aider les personnes qui y sont confrontées à le dépasser.

De quel deuil est-il question ?

Littéralement, le deuil est la douleur et la tristesse faisant suite au décès d'une personne. Mais, à un degré différent, il s'agit de la difficulté et de la perturbation émotionnelle d'une personne affectée par une perte. Dès lors que nous sommes meurtris ou atteint par une perte (emploi, idéal, amour, animal de compagnie, projet…), nous devons faire le deuil de ce que nous venons de perdre.

Le deuil affecte donc toute personne dans l'entreprise qui perd quelque chose de significatif, suite à une décision, un changement, etc.

Processus de deuil ?

Accomplir un deuil n'est pas instantané. Un deuil n'est pas non plus un phénomène constitué d'un seul épisode. Comme si soudain, paf ! le deuil s'accomplissait. Il y a processus car il s'agit d'un cheminement. La personne concernée évolue étape par étape.

En même temps, ces étapes ne sont ni linéaires ni d'une durée déterminée. Des allers-retours, dans les différentes étapes et à des degrés différents, sont fréquents.

Quoi qu'il en soit, pour que le processus s'accomplisse et que le deuil se fasse, toutes les étapes doivent être franchies.

Le deuil s'achève par l'acceptation (de la perte) qui boucle le processus et qui permet à la personne qui l'a achevé de reprendre le cours de son existence.

Quelles sont les étapes du processus de deuil ?

Le déni, la colère, le marchandage, la tristesse et l'acceptation.

Le déni

« Non ! Ce n'est pas possible ! Je ne veux pas le croire. Ça ne peut pas être arrivé. Pas ça…, pas lui…, pas maintenant…, pas comme ça… »

Le refus porte sur la perte elle-même, sur l'objet de la perte, sur les circonstances, sur un aspect particulier. C'est impossible !

Face à cette attitude, le manager coach s'efforce de rester factuel. Inutile d'argumenter ou de vous emporter, cela ne construirait rien. Simplement : « Les faits sont ça et ça… À partir de là, il y aura ceci et cela ! » Rien de plus à faire car rappelez-vous que, qu'elle soit rapide ou lente, la réaction vient de votre interlocuteur lui-même et qu'une partie du processus vous échappe forcément.

Le marchandage

« Il doit y avoir une erreur, ils se sont trompés. Il doit y avoir une autre explication, une autre solution… Et si… J'aurais dû… »

C'est un stratagème, pas forcément conscient ; la recherche d'un compromis avec soi-même ou avec la réalité qui est trop difficile à supporter.

Certains marchandages visent à maintenir l'illusion d'une réalité plus acceptable. Faire comme si : « Si j'avais fait ça, alors…, c'est la faute de… » Faire comme si rien ne s'était passé, comme si ce n'était pas grave ou sans importance, s'absorber ailleurs…

Comme pour une croyance, il est préférable de la part du manager coach, de ne pas attaquer de front le marchandage. Il vaut mieux que vous procédiez par un travail indirect, par des métaphores, des exemples, le questionnement. Votre interlocuteur doit mûrir par rapport à cette étape et, soudain, il découvrira comme une évidence qu'il entretenait une illusion.

La colère

« Ce n'est pas juste ! C'est dégueulasse… ! Ils n'avaient pas le droit. »

Ronchonnement ou fureur bruyamment exprimée, la colère doit trouver un bouc émissaire pour s'exprimer : patron, client, subalterne, soi-même (que l'on accable de reproches), Dieu… Le procès du coupable est impitoyable et exige un châtiment terrible.

Le mieux que vous ayez à faire est d'accuser réception de cette colère et de la verbaliser. De méta-communiquer : « Vous êtes en colère… [Laissez un silence pour que l'autre s'exprime, qu'il puisse méta-communiquer sur sa colère plutôt que seulement l'exprimer] Vous êtes en colère, c'est normal…, c'est légitime. »

La tristesse

L'abattement : « À quoi bon ? Plus ne m'est rien ! Tout est inutile. Ça n'a aucun sens. Je ne m'en remettrai jamais. »

Pour pénible qu'elle soit, cette étape correspond à l'affrontement de la perte. Il n'y a plus évitement. Cette étape est décisive. Elle fait toucher le fond. Elle est difficile pour la personne et pour son entourage mais c'est elle qui va permettre le rebond.

Ici encore, accusez réception et manifestez votre compréhension. Mais, également, jouez à fond votre rôle de manager coach en orientant vers la solution, le positif, les perspectives motivantes, l'avenir à construire.

L'acceptation

Les choses sont difficiles mais, malgré la perte, la vie doit continuer. La personne, et non plus le sujet du deuil (l'objet perdu), repasse au premier plan. Elle fait preuve de courage et assume la réalité telle qu'elle se présente maintenant.

Le manager coach reconnaît le chemin parcouru et la difficulté vécue par son collaborateur. Vous reconnaissez ses mérites, vous le valorisez pour ce qu'il a accompli et ce qu'il va réaliser maintenant. Vous poursuivez votre orientation solution.

Dans l'entreprise, la perte et son deuil ne sont pas toujours aussi dramatiques que lors d'un deuil réel, faisant suite à un décès. Mais un élément important doit être pris en compte : la peur. La peur ou l'inquiétude portant sur le devenir de la personne qui se demande : « Que va-t-il m'arriver ? Que vais-je devenir ? Que puis-je faire dorénavant ? »

En contrepartie, et c'est le rôle du manager, une perte est souvent accompagnée d'aspects positifs qu'il convient de valoriser. Les aspects positifs du changement ou de la nouvelle situation ; « Qu'y avez-vous gagné ? Quelles opportunités s'ouvrent à vous ? Quelles nouvelles possibilités ? Quelles capacités, quels talents mettre en œuvre ? »

La perte d'un budget, d'un contrat, d'un client. Le départ d'un membre de l'équipe, un plan social, la fusion de l'entreprise, une restructuration… Tout cela constitue des motifs de perte, et donc de deuil.

Quelle attitude de la part du manager coach ?

Pour le manager coach, il est important d'accompagner le deuil de ses collaborateurs, de les rassurer sur l'avenir et d'accentuer les opportunités, les nouveaux modes de fonctionnement positifs qu'il faut mettre en œuvre ou encore découvrir ensemble.

Avec le tableau qui suit, vous saurez comment agir.

Comment accompagner le processus de deuil ?

Attitude et apport du manager coach face au processus de deuil

Étape du deuil	Manifestation de notre interlocuteur	Accompagnement
Déni	« Ce n'est pas vrai. C'est impossible ! »	Mettez la personne face à la réalité et à ses conséquences.
Colère	« C'est la faute de… (bouc émissaire). »	Accusez réception de la colère. Invitez l'autre à l'exprimer.
Peur	« Que vais-je devenir ? »	Quelles sont les ressources de la personne et de l'environnement ?
Tristesse	« A quoi bon ? ! »	Accusez réception. Questionnez sur les gains.

Étape du deuil	Manifestation de notre interlocuteur	Accompagnement
Acceptation	« C'est comme ça. Faisons avec ! »	Invitez l'interlocuteur à prendre soin de lui. Accentuez ses ressources.
Gains	« Cette épreuve me permet de… »	Aidez la personne à rechercher tous les gains.

Voir aussi avec la fiche 37 le questionnement QELFE.

Savoir vous-même faire face à un deuil et boucler son processus jusqu'à l'acceptation est une grande force. Gérer et accompagner les personnes qui y sont confrontées est un atout considérable. Sachez accompagner le deuil !

Chapitre 6

Aller plus loin :
savoir-faire et outils spécifiques

Maintenant, il s'agit d'aller plus loin dans l'accompagnement.
Votre part active dans l'intervention s'accroît. Vous saurez
vous adapter aux besoins, à la situation et à votre interlocuteur.

Vous pouvez maintenant utiliser des outils spécifiques pour faire face à des situations particulières dans lesquelles votre action sera déterminante. Prendre les meilleures décisions, choisir l'angle et la zone de votre intervention, traiter des difficultés comme la méconnaissance, les situations conflictuelles ou de crise, etc.

31. Le protocole de décision

Sachez prendre et faire prendre les meilleures décisions.

La plupart des questions qui remontent jusqu'à vous sont délicates, sinon, elles auraient déjà été réglées par quelqu'un d'autre. Elles vous amènent à prendre des décisions qui ne sont pas toujours évidentes.

Qu'est-ce que le protocole de décision ?

C'est une démarche simple et structurée qui, sous forme de questions dans un tableau, permet de prendre la meilleure décision possible.

En quoi ce protocole permet-il de prendre une meilleure décision ?

Il met en évidence :

- Les besoins (et les valeurs) de la personne, de l'équipe ou de l'organisation ;
- Mais également les paramètres contradictoires en présence (ce que vous gagnez, ce que vous perdez, à prendre ou à ne pas prendre la décision).

C'est pourquoi il permet de faire un choix judicieux.

Comment s'utilise le protocole de décision ?

Le protocole de décision s'accomplit en trois étapes, à réaliser scrupuleusement dans l'ordre :

- Étape 1 : répondre aux trois premières questions/trois premiers cadrans du tableau ;
- Étape 2 : trouver les valeurs correspondantes ;
- Étape 3 : répondre au cadran 4 : les solutions envisageables.

Étape 1 : remplissez les trois premiers cadrans du tableau !

Il s'agit de répondre, dans l'ordre, à la question de chaque cadran. Chaque point doit être exploré de façon complète avant de passer au suivant.

Nous partons du principe que la décision à prendre mène à un objectif.

	1. Qu'est-ce que je **gagne à réaliser** mon objectif ?

Une fois que vous avez toutes les réponses données par la personne que vous accompagnez (ou par vous-même si vous appliquez pour vous le protocole), vous passez à la question suivante (au cadran suivant).

2. Qu'est-ce que je **perds à réaliser** mon objectif ?	

Quand vous avez toutes les réponses émises, vous passez au cadran suivant.

	3. Qu'est-ce que je **perds à ne pas le réaliser** ?

C'était la première étape.

✔ *Exemple de décision à prendre :*

Est-ce que je déménage à la campagne ?

	1. je gagne : + La tranquillité + Le bon air + L'espace
2. ce que je perds avec cette décision : - Je perds les visites surprises de mes copains - Je moisis dans un trou à rats - Je n'ai pas la vie culturelle de la ville…	**3. Ce que je perds à ne pas décider** la campagne - Je reste dans mon logement actuel, insatisfaisant - Je reste indécis, je ne me sens pas bien

Étape 2 :
trouvez les valeurs correspondantes aux cadrans 1, 2 et 3 !

Maintenant, pour chaque cadran/question, il convient de mettre au jour les valeurs qui les sous-tendent. Grâce à la question à 2 000 euros : « En quoi est-ce important pour vous de… ? » Ou son pendant : « En quoi est-ce gênant pour vous que… ? »

	1. Qu'est-ce que je gagne à réaliser mon objectif ? *En quoi est-ce important pour vous…* d'être tranquille ? Réponse : Je ne suis pas envahi. Je me ressource …
2. Qu'est-ce que je perds à réaliser mon objectif ? *En quoi est-ce important pour vous…* de ne pas être dans un trou à rats ? *En quoi est-ce embêtant pour vous…* de ne pas avoir de vie culturelle ? …	**3. Qu'est-ce que je perds à ne pas le réaliser ?** *En quoi est-ce embêtant pour vous…* d'être indécis ? …

✓ *Rappel*

Une équivalence concrète (par exemple, respirer le bon air) ne répond pas à la même valeur selon les individus. Pour l'un, la valeur qui sous-tend le bon air sera : détente, bien être. Pour l'autre : ressourcement et capacité de travail. Pour un troisième : santé, etc. Ce qui compte, c'est ce qui est vrai pour la personne. Ainsi, un fait, une équivalence concrète, n'a d'intérêt pour une personne, dans sa prise de décision, que dans la mesure où il (ce fait) est la concrétisation d'une valeur qui lui est propre. D'où la recherche de ces éléments pour prendre la bonne décision.

Étape 3 : remplissez le cadran 4. Les solutions !

Une fois le tableau complété par les valeurs. Reste le point 4 : qu'est-ce qui compenserait ce que je perds ? À la fois à réaliser mon objectif et à ne pas réaliser mon objectif.

✓ *Exemple des données du protocole pour la décision de « faire du vélo »*

Cadran 1. Ce que je gagne à réaliser mon objectif : Je gagne de beaux mollets (valeur : esthétique).

Cadran 2. Ce que je perds à réaliser mon objectif : Je perds ma sécurité car je roule sans carrosserie. (valeur : sécurité).

Cadran 3. Ce que je perds à ne pas le réaliser : si je ne fais pas de vélo, je perds la possibilité de faire du sport, de me défouler... (valeur : bien-être).

Cadran 4 :

« Et si vous portez un casque et un brassard fluo ?

— Oui c'est mieux (sous-entendu : mieux mais pas assez).

— Y a-t-il autre chose ?

— Je ne sais pas.

— Par exemple, et si, de plus, vous n'empruntez que des chemins ou des petites routes tranquilles ?

— Oui, là je me sentirais en sécurité (c'est la valeur que la personne perdait) !

— Donc, si vous pouvez : rouler en vélo, donc rouler écolo (valeur : respect de l'environnement de notre interlocuteur) ; faire du sport (valeur : bien être) ; vous faire des jolis mollets (valeur : esthétique…) ; avec un casque, un brassard et dans des endroits tranquilles (valeur : sécurité), est-ce que vous feriez du vélo ?

— Oui ! C'est décidé. Mercredi je m'achète un casque et dès dimanche je m'y mets. »

Voici ce que donnerait le protocole de décision tel qu'il serait rempli pour l'exemple « faire du vélo ».

4. Qu'est-ce qui **compenserait ce que vous perdez** ?	**1.** Qu'est-ce que je gagne à réaliser mon objectif ?
Valeur : sécurité Casque, brassard « Manque-t-il quelque chose ? » — Oui ! Routes tranquilles. — Et si casque, brassard, et rue tranquille ? — OK ! »	Beaux mollets Valeur : esthétique
2. Qu'est-ce que je perds à réaliser mon objectif ?	**3.** Qu'est-ce que je perds à ne pas le réaliser ?
Pas de carrosserie Valeur : sécurité	Pas de sport Valeur : bien-être

Pourquoi utiliser le protocole de décision ?

Il met en évidence les points importants à toute décision ce qu'elle vous fait gagner ; ce qu'elle vous fait perdre ; quel intérêt vous auriez à ne rien changer ; ce que vous pouvez faire pour compenser ce que vous perdez.

Grâce au protocole de décision, vous couvrez toutes les dimensions d'une décision : « gain/perte », « à faire/à ne pas faire », « solutions possibles » en alternative à chaque cas de figure.

Vous listez (et renforcez) tous les points positifs que votre interlocuteur vous a énoncés. Vous l'aidez à trouver les solutions à ses difficultés, vous déverrouillez les freins. Donc à l'issue du protocole, ne reste que du positif par rapport à une décision.

En l'occurrence, dans l'exemple du déménagement, le choix était : la campagne ou la ville. Comme c'est souvent le cas, chaque possibilité avait du positif et du négatif. L'avantage du protocole est qu'il a fait très rapidement (10 minutes et par téléphone) ressortir qu'il y avait plus de positif pour la ville et plus de négatif pour la campagne. En complétant les cadrans du protocole, ces aspects positifs et négatifs ont été explorés exhaustivement. Le quatrième cadran (qui n'est pas énoncé ici) n'a fait que rassurer la personne et conforter son choix. Elle a déménagé dans un petit appartement de centre-ville ou elle vit très heureuse.

✓ Remarque

Notez qu'un choix ou une action peuvent être déterminés de façon positive ou négative. Une motivation positive : j'obtiens un avantage. Une motivation négative : je fuis un désavantage.

✓ Par exemple

- *J'accepte une promotion car la nouvelle responsabilité, le nouveau domaine d'activité, le nouveau salaire, la perspective d'avenir m'intéressent.*

- *J'accepte une promotion car j'ai fait le tour de ma fonction actuelle, je suis sous-payé, je suis sur une voie de garage, je ne le supporte plus.*

La structure du protocole tient compte de cet aspect. De plus, dans toute décision il y a une perte. La perte de ce qui existe et la perte de tous les autres choix qui ne seront pas faits.

Le protocole tient compte aussi de la perte. Ainsi :

- Vous mettez en évidence et vous accentuez tous les points positifs de la décision ;

- Vous gérez les freins éventuels. Ce que vous perdez par la décision et ce que vous perdez en ne décidant pas, vous y apportez solutions et compensations ;

- Vous avez tous les arguments pour décider et pour motiver votre décision.

Vous décidez, aidez quelqu'un à prendre une décision, partagez une décision, motivez par une décision, c'est simple comme 1, 2, 3, 4. Il vous suffit d'utiliser le protocole de décision.

Prenez et faites prendre les meilleures décisions possibles grâce au protocole de décision ! Élégant, sécurisant et efficace.

32. Les zones d'intervention. Ouvrez le choix !

Déterminez l'endroit le plus pertinent de votre intervention !

Zones d'intervention ?

Il y a plusieurs façons d'aborder et de traiter un problème. Encore faut-il le savoir et faut-il les connaître. Ce sont les zones d'intervention.

Quelles sont les zones d'intervention[1] ?

▶ Zone 1. Vous-même, manager coach, et votre identité.
▶ Zone 2. La relation entre vous et votre interlocuteur.
▶ Zone 3. Votre interlocuteur, lui-même.
▶ Zone 4. La relation entre votre interlocuteur et ses interlocuteurs.
▶ Zone 5. Le contexte de votre interlocuteur.
▶ Zone 6. La relation qu'ont les autres avec le problème.
▶ Zone 7. Les informations sur le problème.
▶ Zone 8. La relation de votre interlocuteur avec le problème.
▶ Zone 9. Votre propre relation avec le problème.

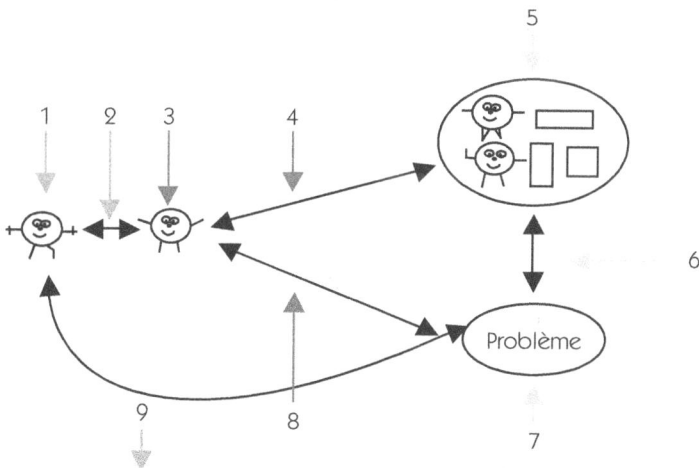

Zones d'intervention

---

1. Issu du livre *Les responsables porteurs de sens* de Vincent Lenhardt.

Lorsque vous, ou le collaborateur qui vient vous voir, avez un problème, vous avez souvent le choix entre plusieurs zones d'intervention.

Comment utiliser les zones d'intervention ?

Vous pouvez :

- Soit faire vous-même le choix d'une zone en fonction de sa pertinence, selon vous, par rapport à la situation ;
- Soit indiquer les possibilités de choix à votre interlocuteur qui va, lui-même, dire ce qui lui semble le plus opportun (urgence, niveau de difficulté…).

La deuxième possibilité prend un peu plus de temps car il vous faut d'abord indiquer à votre collaborateur les zones d'interventions et en quoi elles consistent. Elle présente l'avantage de le responsabiliser, de l'impliquer davantage et de lui permettre de grandir.

Dans un cas comme dans l'autre, vous devez être conscient de la zone que vous allez travailler et pourquoi vous l'avez choisie. Si vous partagez l'outil avec d'autres, ils devront, eux aussi, à l'avenir choisir et intervenir en conscience.

Si vous n'en aviez pas conscience, cela reviendrait à dire que le travail (de résolution de problème) se fait au petit bonheur ou que vous vous êtes précipité sur la première piste d'intervention que vous auriez perçue. Pas bon !

✔ *Exemples de questionnements et d'accompagnements en fonction des zones d'intervention*

Zone 1. Vous-même, manager coach, et votre identité. *Comment vivez-vous votre position de supérieur hiérarchique, de manager coach ? Vous sentez-vous légitime, compétent, à votre place… ? La difficulté que vous amène votre collaborateur vous affecte-t-elle personnellement dans votre fonction, votre rôle… ?*

Zone 2. La relation entre vous et votre interlocuteur. *Peut-être votre relation elle-même mérite-t-elle d'être explicitée, ou bien certaines choses doivent-elles être rappelées. Êtes-vous clair dans la relation ou* *bien entretenez-vous un jeu de « pouvoir sur » votre interlocuteur au lieu d'exercer un « pouvoir pour » lui... ? Y a-t-il des tensions entre vous ? Êtes-vous mécontent de lui... ?*

Zone 3. Votre interlocuteur, lui-même. C'est lui qui doit faire l'objet du travail : attitude, compétence, caractère, ambition, manque de résultat... il vous faut d'abord travailler sur lui pour qu'il puisse régler le problème ou parce que c'est lui qui génère le problème.

Zone 4. La relation entre votre interlocuteur et ses interlocuteurs. Travail sur la communication, la gestion des conflits... Il ne sait pas diriger son équipe, il est le bouc émissaire du groupe... La solution passe par cette relation.

Zone 5. Le contexte de votre interlocuteur. Ce sont les événements qui posent problème : charge de travail, planning. C'est l'unité dans laquelle il évolue. C'est l'équipe transverse dont il fait partie qui fonctionne mal. Son bureau est trop loin de son lieu de travail effectif... Cette zone d'intervention conditionne la suite.

Zone 6. La relation qu'ont les autres avec le problème. Les autres (autres services, autres membres de l'équipe, la direction, les syndicats...) et leur relation au problème (hostiles, immobilistes, rumeurs...) empêchent le travail de solution de votre interlocuteur. Vous devez envisager de travailler avec votre interlocuteur, et peut-être avec les autres, sur cet aspect du problème si vous voulez avoir de bonnes chances de l'aider à réussir.

Zone 7. Les informations sur le problème. Absence ou pléthore d'information, incohérence, propagande... Si les informations que vous avez sur le problème ne sont pas celles dont votre collaborateur (et vous-même) avez besoin, vous ne risquez pas de le régler. C'est donc, dans ce cas, cette zone d'intervention qu'il vous faut privilégier.

Zone 8. La relation de votre interlocuteur avec le problème. Comment réagit-il face à son problème ? Est-il en mesure de le résoudre (connaissances, compétences, émotion, méconnaissance – étudiée dans la fiche suivante) ? Veut-il le résoudre, l'ignorer ou s'en débarrasser ? Peut-être est-il débordé face à la situation. Si vous voulez que ce soit lui qui résolve le problème et pas vous (rappelez-vous « qui porte le singe »), inutile de vous focaliser sur une autre zone d'intervention.

Zone 9.Votre propre relation avec le problème. Posez-vous un peu les mêmes questions que pour la zone 8. Par ailleurs, si vous êtes mal à l'aise vis-à-vis du problème, saurez-vous aider votre interlocuteur à le résoudre ? Enfin, et si le problème venait justement de votre relation avec le problème ?

Par exemple, votre collaborateur vous remet des comptes rendus que vous n'acceptez pas. C'est le problème que vous devez régler aujourd'hui et qui est l'objet de votre accompagnement. Mais pour presque tous vos collègues, ces comptes rendus sont très satisfaisants. Le problème est-il la qualité des comptes rendus ou bien la perception que vous avez, vous, des comptes rendus incriminés ?

Pourquoi utiliser les zones d'interventions ?

Trop souvent la quête d'une solution fait se focaliser sur l'espace problème.

Gardez les zones d'intervention à l'esprit, vous conserverez votre capacité de méta-position. Vous êtes en conscience de votre intervention, focalisé sur le processus et non pas immergé dans le contenu. Vous gardez ainsi toute la puissance de vos interventions.

Enfin, connaître, utiliser, et choisir sa zone d'intervention, c'est surtout intervenir là où c'est le plus pertinent.

Un problème offre généralement beaucoup plus d'angles d'approche qu'il pourrait sembler. Profitez de ce confort ! Gardez ces différentes possibilités à l'esprit !

33. Les méconnaissances

Trouvez le niveau d'approche par lequel une personne
va pouvoir régler son problème !

Qu'est-ce qu'une méconnaissance ?

Une méconnaissance c'est ne pas percevoir, ne pas connaître, ne pas admettre, ne pas reconnaître quelque chose.

Par exemple, c'était le cas de Monsieur Pointilleux qui passait des heures à préparer ses tableaux et ses présentations. Il méconnaissait que ses présentations étaient fastidieuses (fiche 29 : type de changement).

Conséquence ?

Un cadre qui méconnaît qu'il n'assume pas son autorité et qu'il laisse tout faire à ses subalternes n'a aucune raison de changer son style de management. Il ignore qu'il puisse y avoir un problème. Donc le problème va perdurer.

Une méconnaissance empêche toute solution volontaire du problème.

✓ Remarque

Ce n'est qu'au niveau de méconnaissance où en est une personne que la résolution pourra intervenir efficacement. Parfois, la personne n'a même pas conscience qu'elle a un problème. Elle ne risque donc pas de pouvoir le régler toute seule.

Pour cela vous devez déterminer à quel type de méconnaissance vous avez à faire.

Quels sont les niveaux de méconnaissance ?

Il y en a quatre :
* Méconnaissance du symptôme ;
* Méconnaissance du problème ;

- Méconnaissance des options ;
- Méconnaissance des capacités personnelles.

Méconnaissance du symptôme

Ignorer, gommer la perception que quoi que ce soit se produit.

✓ Exemples

Fabien titube. Lui : « Mais non. Je marche normalement. »

Arthur, jeune enfant énervé car fatigué : « Mais non, je ne suis pas énervé, je suis calme. »

Monsieur Frost, manager très autoritaire : « Je ne suis pas autoritaire, je dis les choses simplement. C'est tout. »

À quelqu'un qui méconnaît la manifestation même, du fait qu'il a trop bu, inutile de parler de problème d'alcoolisme.

Méconnaissance du problème

La personne se rend compte que quelque chose se passe mais refuse de considérer que cela puisse poser le moindre problème.

✓ Exemples

« Fabien, tu titubes, tu as trop bu.

— Mais non, j'ai juste trébuché sur un caillou. »

« Arthur, tu es fatigué, c'est l'heure de te coucher.

— Je ne suis pas fatigué, je suis même en pleine forme. »

« Monsieur Frost, vos subalternes n'osent prendre aucune initiative. Ils sont trop dépendants.

— Mais non. Ils ont tout à fait le droit d'avoir des initiatives, ils en prennent si nécessaire. »

Bien entendu personne de l'équipe de Monsieur Frost ne prend jamais d'initiative mais Monsieur Frost ne s'en rend pas du tout compte. Donc pour lui il n'y a pas de problème.

Méconnaissance des options

La personne est consciente qu'il se passe quelque chose et que cela constitue un problème, mais elle nie la possibilité que quoi que ce soit puisse être fait à ce sujet.

✓ Exemples

Fabien : « C'est normal, quand je fais la fête, je bois. Il n'y a rien à y faire. Une fête sans boire, ce n'est pas une fête. »

Fabien est conscient de tituber, d'être ivre mais inconsciemment il néglige les options ; confier le volant à quelqu'un d'autre, prendre un taxi, attendre de dessaouler, boire moins d'alcool, boire autre chose que de l'alcool, anticiper...

Arthur : « Je suis un peu fatigué, mais ça va passer tout seul. »

Arthur reconnaît qu'il est fatigué mais n'accepte pas qu'il puisse y avoir des solutions ; se reposer, dormir, avoir une autre activité...

Monsieur Frost : « Je dois tout surveiller et si je ne leur donne pas de consigne, il ne se passe rien. Je suis bien obligé de les diriger comme ça. »

Monsieur Frost se rend bien compte qu'il commande tout mais ne trouve aucune alternative.

Méconnaissance des capacités personnelles

La personne reconnaît qu'elle a un problème et qu'il existe des solutions. Mais elle méconnaît que l'une de ces solutions puisse fonctionner avec elle.

✓ Exemples

Fabien : « Je sais pas comment font certains, mais moi je peux pas faire autrement... Si je vois les autres boire je serais incapable de ne pas boire aussi ! »

Arthur : « Les autres, c'est normal qu'ils dorment. Mais, moi, je suis grand, je veux continuer à m'amuser. »

Monsieur Frost : « Avec mon équipe, ce n'est pas possible de faire autrement. J'ai essayé, mais je n'y arrive pas. Je ne sais pas comment font les autres, mais avec moi ça ne marche pas. »

Comment gérer les méconnaissances ?

✓ *Exemple de méconnaissance et de son traitement*

Cas de Monsieur Manadjeure, cadre dans votre équipe. Vous constatez des problèmes de motivation, de délégation, de coopération dans son équipe.

- *Si Monsieur Manadjeure vous dit que tout va bien, inutile de vouloir discuter des solutions à mettre en œuvre...*

  ▶▶ *Vous devez d'abord lui faire prendre conscience de ces dysfonctionnements. Par questionnement, par image, par métacommunication, par métaphore, par contre-exemple... : « Imaginez une équipe dans laquelle il se passe ça... Qu'en penseriez-vous ? » Ou bien : « Je suis confronté à telle situation (une équipe au chef autoritaire qui ne délègue pas) et qui a telle conséquence (immobilisme, pas d'initiative...), qu'en pensez-vous... ? Que pensez-vous de votre équipe ? Quand il se passe... elle réagit de telle façon. »*

- *Si Monsieur Manadjeure reconnaît des dysfonctionnements mais que selon lui cela n'est pas un problème...*

  ▶▶ *Vous l'amenez à réaliser que cela constitue bel et bien un problème. Pour l'équipe, pour l'entreprise, dans sa mission de cadre. En étant le plus factuel possible car dans une méconnaissance, il y a une part de fonctionnement de la personne qui refuse la réalité ainsi que sa responsabilité. La prise de conscience doit être aiguillonnée par le manager coach mais ne peut pas (ce serait si simple) être imposée par lui. « J'ai constaté ça, les conséquences perceptibles en sont ça. Dans cette autre équipe il se passe cela et les résultats sont cela... Il y a une différence notable entre les deux, et dans votre équipe ça constitue un problème de telle et telle façon. »*

- *Si Monsieur Manadjeure réalise que, oui, cela pose problème mais que c'est comme ça et qu'il n'y a rien à faire…*

  ▶▶ *Vous lui faites prendre conscience qu'il existe des possibilités de solution : « Qu'aimeriez-vous obtenir ? Pourriez-vous procéder comme ceci, faire comme cela, mettre en place telle chose… »*

- *Monsieur Manadjeure admet qu'il existe des solutions mais pense qu'elles ne sont pas applicables, en l'occurrence, dans le cas présent, dans son contexte…*

  ▶▶ *Vous l'éclairez, ces solutions sont parfaitement envisageables et applicables. Monsieur Manadjeure rétorque : « Je ne suis pas capable d'appliquer ces solutions. Avec moi, ça ne marchera pas… » Vous l'aidez. Qu'est-ce qui pourrait lui permettre de les mettre en œuvre ? Comment peut-il les appliquer ? « Bien sûr qu'il va réussir… »*

Méconnaissance en simplifié

Pour chaque niveau de méconnaissance, il y a une attitude (questions, images, contre-exemples, simulations…) adaptée pour y apporter remède :

- Il y a un problème.
- C'est un problème pour la personne.
- Il existe des solutions.
- Ces solutions s'appliquent à la personne.
- Elles sont efficaces pour elle qui a la capacité de les mettre en œuvre et de réussir.

On ne fait pas boire un âne qui n'a pas soif. Lorsque vous constatez que quelqu'un fait une méconnaissance, intervenez au bon niveau ! Faites-lui prendre conscience de ce qui se passe et aidez-le à réaliser sa solution !

34. Accordeur/Désaccordeur

Gérez efficacement les « pénibles » désaccordeurs !

Qu'est-ce qu'une structure d'accord et une structure de désaccord ?

▶ Structure d'accord = généraliser, percevoir ce qui correspond, ce qui va dans le sens de la satisfaction.

▶ Structure de désaccord = différencier, percevoir ce qui manque, ce qui ne va pas, le défaut.

Le désaccordeur est jugé pénible par les accordeurs car il trouve le point d'insatisfaction, l'exception, le défaut, le « oui mais ». Il prend le contre-pied de ce qui est attendu. S'il existe une faille dans le raisonnement, il s'y engouffre.

Comment ça marche ?

Imaginez que vous vouliez satisfaire la valeur « plaisir » et que vous soyez sur une plage ensoleillée.

Structure d'accord	Structure de désaccord
Quel bonheur d'être ici.	C'est moins pire que d'être au bureau.
Il fait chaud, c'est bon.	Si l'eau n'était pas si fraîche…
Quelle lumière ! Ce ciel bleu !	Il me faudrait des lunettes de soleil.
J'apprécie la tranquillité, c'est presque désert.	L'an dernier j'étais venu avec Sophie… J'aurais dû emporter un livre… La prochaine fois je devrais prendre un parasol même si ça m'embête de trimbaler tout un barda.
Qu'il est doux de ne rien faire, juste de sentir mon corps sur le sable, la chaleur du soleil et parfois un petit souffle d'air, l'odeur du sable chaud et de la mer, le murmure des vagues.	Dommage qu'il n'y ait rien à regarder ici.
Qu'est-ce que je me sens bien !	On est vraiment pas mal ici !

▷ L'accordeur voit ce qu'il gagne, ce qui le satisfait. Il généralise facilement.

▷ Le désaccordeur voit ce qu'il perd, ce qu'il risque, ce qui lui manque, ce qui ne le satisfait pas. Il trouve les exceptions.

Quelles conséquences pour le management ?

Dans une équipe, le désaccordeur est parfois difficile à gérer par ses collègues accordeurs. Il est le critique qui perçoit surtout les défauts. Il irrite les accordeurs qui lui reprochent de ne pas être constructif. Ses capacités sont pourtant aussi précieuses que celles des autres, utilisées au bon moment.

L'accordeur irrite tout autant les désaccordeurs. Pour eux, l'accordeur est trop optimiste, linéaire dans son fonctionnement et moutonnier.

✓ *Exemples de fonctionnement*

« J'aime beaucoup les oranges, et toi ?

— Moi aussi. J'adore ça. [ou] Non, je n'aime pas les oranges. »

Ceci marque une structure d'accord. Voici maintenant un fonctionnement de désaccordeur :

« J'aime beaucoup les oranges, et toi ?

— Oui mais, depuis que j'en ai mangé au Maroc, je ne les trouve plus aussi bonnes. »

Ou encore :

« Bof, elles ne sont pas toujours bonnes. »

« Tu ne trouves pas que les kiwis sont meilleurs. »

« Je pense que les pommes sont beaucoup plus adaptées. »

Et enfin, en aparté :

« Quelle question à la noix ! Et pourquoi pas l'influence de la lune sur la sexualité des baleines. » (C'est le propre du désaccordeur de faire des commentaires, à part mais assez fort pour qu'ils soient entendus.)

Ainsi, la personne qui a une structure d'accord percevra les points communs, les points de rapprochement, les similitudes. Il ira facilement dans le sens de son interlocuteur, il voit les bons cotés, il est facile à vivre.

De son côté, une personne avec une structure de désaccord percevra les différences, les divergences. Il ne répond pas directement aux questions. Il n'est pas très motivant ou encourageant car lorsqu'il apprécie quelque chose, il aura tendance à dire « ce n'est pas mal » plutôt que « c'est bien ». Il dira « je ne suis pas mécontent » plutôt que « je suis content ». Nous sommes loin d'une formulation positive.

*Exemple de structure accord/désaccord
face à un tracteur agricole et une voiture*

Structure d'accord	Structure de désaccord
Ce sont tous deux des véhicules.	Ça n'a rien à voir.
Ils ont pareillement 4 roues.	Leurs formes sont très différentes.
Les deux ont un moteur.	L'un est pour la campagne, l'autre pour les routes et les villes.
Les deux ont un volant.	Le tracteur n'est pas aérodynamique.
Les deux font du bruit.	L'un est puissant et va lentement, l'autre est raffiné et rapide.
Ces deux véhicules sont très utiles.	Vous ne pourriez pas plutôt comparer des choses comparables ?

Il n'y a pas de bon ou de mauvais mode de fonctionnement, seulement une attitude plus ou moins performante selon les circonstances.

Pourquoi connaître les structures accordeur-désaccordeur ?

▶ L'accordeur, à l'extrême, peut être « le ravi de la crèche » et trouver que tout le monde « il est beau ». Il ne percevra pas les risques, les exceptions, les problèmes.

▶ Le désaccordeur, à l'extrême, n'est jamais content. Il ne saura pas positiver, percevoir les avantages, apprécier ce qui fonctionne. Ni ce qui « risque » de fonctionner.

▶ Les relations entre personnes de structures différentes peuvent devenir conflictuelles.

▶ Les qualités des uns et des autres appliquées au mauvais moment s'avèrent contre-productives.

D'où l'intérêt de repérer ces modes de fonctionnement, de savoir développer les deux attitudes pour manager chaque type de fonctionnement.

Comment manager un désaccordeur ?

▌ Évitez les généralisations et les imprécisions de langage, il en profiterait pour mettre en avant l'exception.

▌ Pointez au contraire qu'il y a des défauts, que ça ne marche pas tout le temps.

▌ Formulez de manière négative. Ayez un discours a double négation (pas mal, pas mauvais…).

▌ Pratiquez l'interro-négation : vous ne pensez pas que… ?

▌ Pointez vous-même les exceptions et les différences : dans telle situation ça ne fonctionne pas bien mais… Par rapport à notre objectif nous avons pas mal d'écarts tels que…

✓ *Exemple de discours pour un désaccordeur*

● *« Ça ne marche pas à chaque fois, mais, statistiquement, cela ne donne pas de mauvais résultats dans 90 % des cas. Il ne serait pas inintéressant que vous… »*

● *« Vous ne pensez pas qu'il ne serait pas inélégant de… ? »*

● *« Ce n'est pas mal, non ? »*

Comment fonctionner efficacement en groupe avec les accordeurs/désaccordeurs ?

Dans une séance de remue-méninges ou au début d'un projet, évitez de faire intervenir un désaccordeur. Son attitude critique risque de saboter la séance ou l'idée, de décourager ou d'indisposer ses collègues.

En revanche sa capacité à percevoir les difficultés possibles, les exceptions, les zones d'ombre sera très utile pour sécuriser la suite du projet.

Méthodologie :

1. Faites d'abord travailler les accordeurs, jusqu'à obtenir un premier projet, une première idée générale.

2. Puis faites intervenir le désaccordeur en lui demandant d'exprimer, selon lui, tout ce qui ne fonctionne pas, pose problème, toutes les exceptions qu'il envisage.

3. Ensuite, faites travailler les accordeurs sur les objections du désaccordeur afin d'y apporter les solutions.

4. De nouveau, demandez au désaccordeur de ne pas freiner son esprit analytique.

5. Une nouvelle fois, faites travailler les accordeurs au projet et au traitement des critiques et des remarques du désaccordeur.

6. Enfin, après le nombre d'allers-retours nécessaires, validez le projet en admettant qu'il puisse encore comporter une part d'imperfection aux yeux du désaccordeur.

Vous avez utilisé les compétences et valorisé les apports de chacun et obtenu un résultat satisfaisant.

Adaptez votre fonctionnement et votre structure de langage accordeur/désaccordeur pour obtenir le meilleur de votre interlocuteur ! Ce n'est pas si difficile, n'est-ce pas ?

35. SCAFEESB : communication non violente, assertivité, résolution de conflit

Un protocole pour dire les choses non seulement sans froisser mais en obtenant, de plus, un bénéfice !

SCAFEESB, c'est quoi ?

SCAFEESB signifie :

- Source ;
- Cadre ;
- Attitude ;
- Faits ;
- Émotion ;
- Espoir déçu ;
- Suggestion ;
- Bénéfice…

Prononcez : skaféhèssbé

À quoi sert SCAFEESB ?

C'est un protocole issu de la communication non violente et qui permet de faire un reproche, d'exprimer un désaccord, de faire une critique ou de dire votre mécontentement. Il permet aussi, et surtout, que l'échange se passe bien, que l'autre ne se sente pas agressé, qu'il n'ait pas de ressentiment. De plus, il ouvre des perspectives de meilleurs résultats pour l'avenir.

Il s'agit donc d'un outil indispensable pour un manager coach.

Il a, en outre, un petit coté couteau suisse puisqu'il vous permet d'exprimer ce que vous avez à dire tout en étant politiquement correct. Il vous permet de faire des reproches tout en orientant vers une issue positive. Il peut vous servir de base à d'autres formes de communication (compliments, motivation…).

Comment utiliser SCAFEESB ?

Il vous suffit de passer dans l'ordre chacun des éléments.

Source

Adressez-vous à la personne source du problème et qui peut le résoudre ! Si un collègue vous critique ou vous fait une réflexion désagréable devant la direction, inutile d'aller vous en plaindre à un ami lors d'une soirée. Si un subalterne n'a pas rempli sa mission, ce n'est pas à votre concierge que vous allez en parler.

Adressez-vous à cette personne en direct ; à la source.

Cadre

Choisissez le lieu, le temps, le moment propice ! En privé, à froid, quand vous et votre interlocuteur n'êtes plus dans l'émotion de la situation, dans un lieu où vous ne serez pas dérangés (cela doit vous rappeler le triptyque du cadre fiche 5) ? Le lieu et le temps sont importants.

Attitude

Ayez une approche amicale (par opposition à agressivité et ton de voix péremptoire ou accusateur) :

- Commencez par le nom ou le prénom de la personne ;
- Faites un compliment sincère ou évoquez un aspect positif : de la personne, de la relation...

✓ Exemple d'attitude

« Raymond, j'apprécie votre franchise. Avec vous pas d'hypocrisie, nous pouvons appeler un chat, un chat... »

Faits

Entrez dans le vif du sujet par une description factuelle ! C'est-à-dire sans jugement et sans « impressions », mais avec du concret ; des faits.

✓ Exemple de faits

Ne pas dire : « Lorsque vous vous êtes comporté comme un mal poli... » Mais : « Lorsque vous n'avez pas retenu la porte, alors que vous me regardiez arriver. »

Émotion

Faites suivre immédiatement la description des faits par l'émotion que vous avez ressentie, personnellement ! L'émotion sauf la colère, même si elle était évidente, car elle est tournée vers l'autre et manifeste déjà une forme d'agression.

✓ Exemple d'expression d'émotions

« Je me suis senti blessé... J'ai été choqué... Je me suis senti trahi... Je me suis trouvé en porte-à-faux... »

Espoir déçu

Renforcez l'impact et mentionnez l'espoir déçu ou le besoin qui n'a pas été satisfait !

✓ Exemples d'espoir déçu

- *« (Je suis déçu)... Je pensais que nous pouvions parler franchement... »*

- *« J'ai besoin de savoir que mon travail est apprécié, surtout de la part de quelqu'un d'aussi important que vous. »*

- *« J'ai besoin de fonctionner en toute franchise... »*

- *« Je pensais pouvoir vous faire confiance... »*

Suggestion

Suggérez une modification du comportement qui ferait stopper votre désagrément !

✓ *Exemples de suggestion*

- *« Je suggère que lorsque vous avez une remarque à me faire nous prenions le temps d'un entretien en tête à tête. »*

- *« Je suggère que si vous n'arrivez pas à faire quelque chose sur laquelle vous vous étiez engagé, vous m'en informiez… »*

Bénéfice

Indiquez à votre interlocuteur quelles seront les conséquences bénéfiques de la suggestion ! Pour lui comme pour vous et pour le système (équipe, entreprise).

✓ *Exemples de bénéfice*

- *« Ceci nous permettra de trouver une solution… qui nous satisfera tous deux. »*

- *« Comme cela, nous pourrons en discuter et envisager d'autres moyens… »*

Pourquoi utiliser SCAFEESB ?

Face à une attaque les réponses sont :

- Soit : primitives = fuite ou attaque (passivité/agressivité) ;
- Soit : Évoluées = SCAFEESB.

En entreprise, SCAFEESB est certainement préférable à la réponse primitive.

La force de SCAFEESB est qu'il passe très bien, c'est un moyen efficace et élégant. Lorsque vous indiquez des faits et que vous mentionnez ce que vous ressentez, cela est inattaquable. Les faits sont ce qu'ils sont, et ce que vous ressentez, vous le savez mieux que quiconque. Parler en votre nom, pour vous, est beaucoup plus facile à entendre par votre interlocuteur que si vous utilisiez le « tu » ou le « vous » qui amène l'autre à l'autodéfense ou à l'agression en retour.

✓ *Par exemple*

Lorsque vous dites « je me suis senti blessé », il n'y a rien à dire. Vous seul savez si vous vous êtes senti blessé.

En revanche si vous disiez « tu m'as blessé », l'autre pourrait très bien prétendre que c'est faux, qu'il n'a rien fait de tel. Puisqu'il s'agit de lui, il est le mieux placé pour savoir.

Enfin, pourquoi SCAFEESB ? Parce que les deux derniers éléments, Suggestion et Bénéfice, font intégralement partie du rôle de manager coach : orienter vers la solution et construire l'avenir.

Désamorcez les conflits, évitez-les, exprimez-vous sans créer de ressentiment ! SCAFEESB fonctionne en individuel et en équipe, au travail comme à la maison. Pratiquez SCAFEESB !

36. Faire un compliment (et en recevoir un)

Complimentez quand c'est mérité !
Chaque fois que vous le pouvez : complimentez !

Pourquoi complimenter ?

▶ Parce qu'un compliment mérité renforce la motivation de celui qui le reçoit.

▶ Parce que trop souvent nous percevons et surtout nous faisons remarquer ce qui ne va pas, considérant comme normal que les choses se déroulent bien.

▶ Parce que l'être humain a besoin de marques de reconnaissance et d'attention. Or, s'il n'obtient pas cette attention en positif, il fera en sorte de l'obtenir quand même, en négatif.

Rappelez-vous l'enfant à la caisse du supermarché qui essaye d'obtenir l'attention de son parent. Ce qu'il n'obtient pas en positif (une attention pleine d'affection ou d'amour : un mot gentil, une félicitation), il va s'arranger pour l'obtenir en négatif (une attention pleine d'énervement ou de colère : une réprimande, une fessée).

Et ce qui est vrai et manifeste chez l'enfant est aussi vrai pour l'adulte bien que moins flagrant, plus subtile… Aussi, veillez à complimenter pour ne pas avoir plus tard à réprimander.

Mais pour qu'il ne s'agisse pas de flagornerie (flatterie grossière), un compliment doit être :

• Factuel, basé sur un fait incontestable ;
• Sincère. Vous devez être convaincu de ce que vous dites. Le compliment est donc également…
• Adapté et faisant référence à son contexte.

Comment complimenter ?

Vous pouvez utiliser la trame de SCAFEESB mais aussi :

• Synchronisez-vous sur votre interlocuteur ;
• Exprimez-vous clairement et directement ;
• Impliquez-vous. Cela facilite l'acceptation et la crédibilité ;

- Répétez-vous. Pour renforcer le message ;
- Terminez avec empathie.

✓ Exemple de compliment

« Je vous félicite. [direct et à la source] J'ai beaucoup apprécié votre mémorandum. [Explicite] Il est synthétique et bien structuré [Précis] Il m'a permis de comprendre le sujet et j'y ai appris trois choses (la 1re, la 2e, la 3e...). [Implication + Factuel] J'en suis heureux et je vous en remercie. [Émotion + Implication] Et je tenais à vous en féliciter. » [Répétition] Regard direct et sourire. [Empathie]

Mais peut-être vous est-il plus difficile de recevoir un compliment que de le faire. Sachez alors que si vous le refusez, cela peut être gênant, voire vexant pour la personne qui vous l'adresse.

Comment recevoir un compliment ?

- Écoutez et acceptez le compliment sans retenue. Laissez la personne s'exprimer sans l'interrompre.
- Exprimez vos émotions.
- Remerciez avec empathie.

Prenez conscience que vous n'êtes pas toujours le mieux placé pour juger du bien fondé d'un compliment. Quelqu'un peut très bien apprécier un de vos traits de caractère ou une de vos actions qui ne vous satisfait pas. Il est alors malvenu de refuser ce cadeau que l'autre pense légitime de vous offrir.

En revanche si le compliment est indu...

Comment recevoir un compliment non mérité ?

Par exemple pour une action accomplie par quelqu'un d'autre.

- Acceptez le compliment (pour ne pas vexer la personne qui vous l'adresse).
- Rétablissez la vérité.
- Exprimez vos émotions.
- Terminez avec empathie.

Complimenter met de l'huile dans les rouages. Complimenter est un moyen de motiver. Vous ne complimenterez jamais assez. Alors, complimentez !

37. QELFE : accompagner dans un moment de crise avec impact émotionnel

*Cela ressemble à une technique, mais elle pourrait s'appeler :
écouter avec le cœur.*

Qu'est-ce que QELFE ?

C'est un protocole d'accompagnement à usage très spécifique, lorsque votre interlocuteur est dans l'émotion *et* que vous avez à peine une dizaine de minutes à lui consacrer.

Quand utiliser QELFE ?

⟩ Dans les moments de crise, quand l'impact émotionnel est fort

⟩ Mais quand, dans la situation, vous ne disposez pas du temps nécessaire pour traiter en profondeur ; quand vous ne pouvez pas consacrer du temps, accompagner la personne, réaliser une séance de travail sur le sujet qui bouleverse votre collaborateur et qu'il vous faut avancer.

Indications : Choc, tristesse, colère, peur, accablement… en réaction à un événement.

✓ *Exemple de situation où QELFE s'applique*

• *Grosse colère suite à une altercation ;*

• *Un collaborateur vient d'apprendre la perte d'un proche (le processus de deuil interviendra plus tard) ;*

• *Fusion ou rachat de l'entreprise ;*

• *Plan social ;*

• *Une promotion escomptée échoit à quelqu'un d'autre…*

Vous n'avez pas la possibilité, pas l'envie, pas l'énergie d'écouter la personne s'épancher et vous raconter par le menu tous les détails de ce qu'elle subit. En même temps, la crise est réelle, et vous ne pouvez pas ignorer ce qui se passe et laisser votre collaborateur en plan. QELFE est l'outil qu'il vous faut.

Comment fonctionne QELFE ?

Schématiquement :

- Vous écoutez et vous entendez ce qui bouleverse votre interlocuteur ;
- Vous délimitez le problème ;
- Vous orientez la personne sur ce qui l'aide ;
- Vous dites que vous comprenez et vous le manifestez pendant tout ce temps.

QELFE :

- **Q**uoi ? « Que s'est-il passé ? » Veillez à ce que ce point ne s'étende pas et ne dépasse pas trois minutes. Le but est de boucler un processus qui aide la personne à aller mieux dans un très court laps de temps ; une dizaine de minutes suffit pour le tout.

- **É**motion : « Qu'elle émotion as-tu ressentie… ? Qu'avez-vous ressenti quand c'est arrivé ? »

- **L**e plus difficile : « Qu'est-ce qui a été le plus difficile pour vous ? » Vous focalisez l'esprit de celui qui souffre sur le point fondamental, plutôt que de le laisser partir dans tous les sens, ce qui aggraverait sa perception de la situation.

- **F**aire face : « Et qu'est-ce qui vous aide le plus à faire face ? » Avec l'émotion exprimée lors du point précédent, l'énergie était concentrée sur la source principale du problème. L'attention se porte maintenant sur les ressources.

- **E**mpathie : « Ça doit être dur pour vous… Je suis désolé de ce qui vous est arrivé ; j'étais ému, moi aussi, en vous écoutant. » Exprimez avec sincérité ce que vous avez éprouvé en écoutant l'autre.

En bouclant QELFE, vous avez invité la personne à s'exprimer. Vous avez accusé réception et, de plus, vous avez permis à votre interlocuteur de parcourir en résumé la situation. Vous l'avez également aidé à circonscrire le cœur du problème et vous l'avez orienté solution.

Bien sûr, cela ne sera sûrement pas suffisant. Mais en un minimum de temps vous avez déjà accompli beaucoup. Votre interlocuteur s'est senti compris et soutenu. Vous avez désamorcé le gros de la crise qui aurait pu éclater. Votre intervention a été précieuse.

Les situations fortes en émotions ne sont pas fréquentes en entre-prise, mais par nature leur intensité émotionnelle leur confère beau-coup d'importance. Sachez les accompagner !

38. Le paradoxe

Prenez le contre pied de ce qui est attendu !

Qu'est-ce qu'un paradoxe ?

La définition la plus répandue du paradoxe est : quelque chose de vrai et de faux en même temps[1]. Mais la première acception du terme[2] est : « opinion contraire à l'opinion commune. »

Comment traiter un paradoxe ?

Face à une situation perçue comme paradoxale, le plus simple, pour résoudre le problème qu'elle pose, est de considérer que le paradoxe n'en est pas un.

Il suffit pour cela de vous focaliser :

- Sur un champ plus réduit ;
- Et/ou sur un champ plus large que celui du paradoxe.

L'approche la moins constructive serait de rester figé, coincé, dans le champ même du paradoxe.

✓ *Exemple du traitement d'un paradoxe*

Cas du paradoxe de l'œuf et de la poule. Lequel des deux est à l'origine de l'autre ? Quelle que soit la réponse, la poule ou l'œuf, la réponse est vraie et fausse. Cela ressemble à un paradoxe.

La position du manager coach diverge de l'opinion commune en réfutant le paradoxe lui-même. Ainsi, si une poule peut pondre un œuf, seul un œuf fécondé peut engendrer une poule (champ réduit à l'œuf). Il y a donc un coq. Exit le paradoxe « poule/œuf », il s'agit d'une relation, d'une autre nature, « poule/coq/œuf » (champ large). La logique linéaire de départ « œuf/poule » et l'exposé du problème sont contestables. Fin du paradoxe.

---

1. Selon *Le Petit Robert*.
2. Selon *Le Littré*.

Est-ce que la mauvaise ambiance dans l'équipe provient des mauvaises relations entre certaines personnes ou bien l'inverse ? Ou encore : est-ce que l'entreprise va mal à cause du faible chiffre d'affaires ou est-ce que le chiffre d'affaires est faible parce que l'entreprise va mal ?

Dans ces deux cas, vous rencontrez un paradoxe : pratiquez la technique du champ réduit et du champ large !

Comment utiliser le paradoxe ?

Face à un problème, la position paradoxale consiste à ne pas essayer de résoudre le problème. Ainsi, l'apprentissage paradoxal revient à apprendre comment, exprès, ne pas réussir.

✓ *Exemple de traitement paradoxal : le golfeur*

Un golfeur envoie systématiquement ses balles à droite. Il demande au professeur ce qu'il doit faire pour qu'elles aillent tout droit. À titre d'exercice le professeur lui indique de faire exprès d'envoyer ses balles encore plus à droite... Une intervention classique aurait été de lui dire : « Faites comme ci, pas comme ça ! »

Une fois que le joueur a perçu plus facilement, par l'exagération, son placement, son mouvement, sa prise de club, le professeur lui dit de taper une autre série de balles, cette fois-ci, complètement à gauche.

Après ces deux séries de balles, l'élève est encore plus demandeur des conseils du prof. Par ailleurs, il a testé par lui-même ce qui ne fonctionnait pas et il va maintenant pratiquer ce qui doit être fait pour réussir. Par différence, son ressenti, sa prise, son mouvement seront beaucoup plus perceptibles. Il les enregistrera bien mieux.

✓ *Exemple d'utilisation de la question paradoxale*

Un client important est parti à la concurrence. Les experts diront : « Il est parti pour telle et telle raison. Dorénavant, faites comme ceci ! »

Votre attitude paradoxale donne : « Comment faisons-nous pour réussir à ne pas fidéliser nos clients ? Que faire davantage pour les fidéliser encore moins ? »

Cela mettra en évidence votre mode de fonctionnement, celui qui vous fait perdre un client important, et, par là même, vous fournira la solution la plus adaptée à vous et à votre situation.

Pratiquée avec intelligence, vous obtiendrez la meilleure des solutions possibles pour vous. Et elle sera la vôtre. Ce n'est pas un expert qui vous l'aura soufflée.

Souvent, ce que vous avez tenté auparavant (les tentatives de solutions) n'a fait qu'entretenir le problème. Car vous restiez dans la même logique que celle qui avait généré le problème. Vous êtes resté dans le même champ, sans le réduire ou sans l'élargir.

C'est aussi ce qu'illustre l'exercice du dessin. Reliez ces neuf points en traçant quatre droites sans lever le crayon[1].

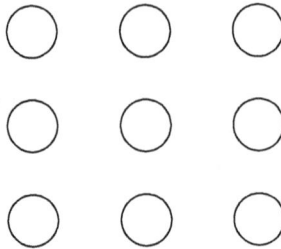

Si ce que vous avez tenté n'a pas marché, dites-vous « Paradoxe ! » Paradoxe : le problème est dans la solution ; la solution est dans le problème.

---

1. Solution en fin de volume, p. 228.

39. Recadrer

Recadrer : remettre dans le cadre, le rappeler, le changer, l'ouvrir.

Quels sont les recadrages les plus applicables au quotidien ?

▶ Recadrage de sens : donner une autre interprétation à un comportement, à une situation.

▶ Recadrage de contexte : lorsque, dans un autre contexte, un défaut devient une qualité.

▶ Recadrage de présuppositions : changer les *a priori* tenus pour vrais.

▶ Recadrage rappel du cadre : rappeler le cadre pour revenir dans ses limites.

Avant tout, rappelons l'incontournable règle qui s'applique à toutes vos relations professionnelles un tant soit peu formelles : déterminez le cadre !

Qu'il s'agisse d'une réunion, d'un entretien avec un subalterne, d'un échange entre collègues… :

▶ Quelles sont les règles relationnelles entre les participants : qui et comment ?

▶ Quel temps est imparti : quand et combien de temps ?

▶ Quel est le lieu et sa disposition : où ?

▶ Quel est l'objectif : quoi ?

Comment recadrer ?

Recadrage rappel du cadre

Le cadre vous offre la structure et l'espace d'efficacité de la relation. Une fois posés et acceptés, cadre et contrat permettent de rappeler en douceur les égarés et de garder votre cohésion vers l'objectif.

✓ Exemples de recadrage de rappel du cadre

- *« Monsieur Dissipey, tout à l'heure vous avez ratifié l'ordre du jour et le principe de fonctionnement de cette réunion. Je vous rappelle que son but est...*

  Les points que vous évoquez sont intéressants. Ils méritent d'être traités à un autre moment. Nous prendrons rendez-vous avant de nous séparer. Pour l'instant, je souhaite que nous revenions à... »

- *« Il était convenu que dans notre entretien je vous donne mon avis et que je relève ce qui pourrait être contraire à l'atteinte de vos objectifs. Bien... !*

  Maintenant vous me demandez de décider à votre place et de transmettre des directives à votre équipe. Cela ne correspond pas du tout à ce que nous avions convenu. Je vous demande donc... »

Pourquoi faire un recadrage rappel de cadre ? Parce que vous conservez votre objectif et vous évitez que les trublions ne vous perturbent ; vous gardez la maîtrise des événements ; vous conservez le « pouvoir pour » et ne laissez pas quelqu'un d'autre prendre le « pouvoir sur... ».

Recadrage de présuppositions

Une présupposition est ce qui doit être vrai pour que ce qui se manifeste soit vrai. Mais il peut aussi s'agir d'un *a priori* non fondé.

✓ Exemple de présuppositions

Le client a préféré choisir un de nos modèles, le B31-22, plutôt qu'un produit de chez notre concurrent Vlaminck.

Présuppositions :

- *Le client avait un besoin ;*
- *Il était prêt à acheter ;*
- *Il existe au moins un concurrent ;*
- *Notre offre lui a semblé la plus intéressante ;*
- *Nous avons plusieurs modèles.*

✓ *Exemple de recadrage de présuppositions*

Situation : nos ventes ont baissé de 10 % par rapport au mois précédent.

Présuppositions :

- *Nos produits sont trop chers ;*
- *Nous sommes nuls ;*
- *La concurrence prend nos parts de marché ;*
- *Il y a un problème.*

Recadrage de présuppositions :

- *L'ensemble du marché est en crise ;*
- *Notre nouvelle campagne a démarré en retard ;*
- *Notre gamme vieillit ;*
- *Notre structure de distribution manque de réactivité ;*
- *Les clients attendent les nouveautés de la rentrée ;*
- *La qualité de nos produits n'est pas perçue à sa juste valeur.*

✓ **Autre exemple**

Duval obtient de meilleurs résultats que Dumont.

Quelles sont les présuppositions qui vous viennent à l'esprit ? Compétences, implication, type de clientèle, savoir-faire… ?

C'est souvent sur la base de présuppositions que les actions, celles des autres comme les vôtres, sont conditionnées.

Pourtant, bien d'autres présuppositions seraient possibles : son épouse, son engagement auprès de la fédération régionale de football, le tissu économique régional, l'historique du portefeuille…

Pourquoi faire un recadrage de présuppositions ? Si une présupposition, qui sert de base à votre réflexion, est fausse ou incomplète, le traitement que vous ferez du problème sera également faux et incomplet. Votre rôle de manager coach implique de valider les présuppositions retenues, d'élargir leur champ puis de retenir les présuppositions les plus fondées ou les plus porteuses de progrès.

Recadrage de contexte

C'est trouver un autre contexte dans lequel ce qui était un défaut ou une gêne devient une qualité ou une ressource.

✓ *Exemple de recadrage de contexte*

Monsieur Boutefeu déborde d'énergie. Il a toujours le dernier mot. Il emporte l'adhésion, même si ses idées ne sont pas les meilleures.

Cela constitue un problème lors du travail en équipe ou lors des remue-méninges (brainstorming).

Recadrage de contexte :

- *Cette même personnalité est un véritable atout lors d'une négociation. Idem en réunion de décision, face à des indécis ;*
- *Donnez-lui un but, cette personne saura y rallier son équipe ;*
- *Faites lui animer une réunion de dynamisation commerciale.*

✓ *Autre exemple*

Monsieur Réservoux, quant à lui, est très à l'écoute des autres. Il s'exprime peu ou pas lors des réunions. Il est presque invisible. Il souffre de ce trait de personnalité et de son invisibilité, et il s'en ouvre à vous. Cependant, il a également l'esprit de synthèse et une grande facilité rédactionnelle...

Recadrage de contexte :

- *Ça tombe bien, vous cherchiez un rapporteur pour vos réunions. Vous avez une bonne raison de valoriser ses qualités.*
- *Il sera très bien pour mener une enquête auprès du personnel.*
- *Dans une réunion il peut être le gardien du temps. Il pourra devenir le shérif qui veille au respect de la charte relationnelle (chapitre suivant).*

Pourquoi faire un recadrage de contexte ? Parce qu'en recadrant le contexte vous valorisez (faites prendre de la valeur à...) un défaut ainsi que la personne elle-même.

Recadrage de sens

C'est donner une autre interprétation. Donner un autre lien de cause à effet pour ouvrir la perception.

✓ Exemple de recadrage de sens

À mon entrée dans le bureau ma secrétaire avait l'air mal à l'aise.

Lien de cause à effet que je fais : « Elle doit savoir quelque chose par l'entremise de la secrétaire du PDG. Je vais être viré. »

Recadrage (c'est-à-dire en l'occurrence, quel autre sens pouvons-nous donner à son malaise ?) :

- *Elle préparait ses vacances sur internet. Elle se sentait fautive ;*

- *Elle avait renversé de l'eau sur sa jupe. Elle était gênée ;*

- *Elle avait son amant au téléphone. Elle était troublée ;*

- *L'école de son fils vient d'appeler. La sortie de classe est annulée. Elle était ennuyée.*

✓ Autre exemple

Votre adjoint ne vous dit pas bonjour dans le couloir.

Interprétation : il vous manque de respect.

À moins que ce ne soit (recadrage) :

- *Il ne vous a pas vu. Il est préoccupé par un dossier épineux ;*

- *Il vous a dit bonjour plus tôt dans la journée, vous ne l'aviez pas remarqué.*

Pourquoi faire un recadrage de sens ? C'est votre côté coach. Vous adoptez une position perceptuelle qui vous donne du recul et de la hauteur. Vous désamorcez les problèmes et offrez d'autres possibilités ; plus riches, plus agréables, plus constructives.

Le manager coach est ferme sur le cadre. Il valorise ses interlocuteurs et ouvre le champ des possibilités et des solutions. Recadrez ! Vous apporterez cette dimension positive.

Troisième Partie

L'équipe

Tout ce que nous avons vu jusqu'à présent pour la relation individuelle, s'applique aussi pour l'équipe. C'est pourquoi, même si votre but en lisant ce livre n'était que le management d'équipe, la maîtrise des outils précédents est un passage incontournable.

Bien entendu, l'équipe implique des connaissances et des techniques spécifiques en supplément de ce que vous avez déjà acquis. Nous allons les étudier maintenant. Qu'il s'agisse des aspects du fonctionnement de groupe ou de la dimension particulière d'un manager coach d'équipe.

Chapitre 7

Introduire la co-responsabilité du fonctionnement d'équipe

Mettez en œuvre les techniques des équipes performantes.
Faites que des personnes qui travaillent individuellement
à leur tâche respective deviennent une véritable équipe.

Dans la mesure où vous faites vous-même partie de l'équipe avec laquelle vous travaillez, autant faire en sorte qu'elle joue « collectif » et dans les meilleures conditions possibles : des règles explicites que chacun respecte et fait respecter ; chaque chose à sa place et un rôle pour chacun ; autonomie et implication pour déjouer le piège des compromis frustrants ; et aussi, de quoi favoriser de meilleurs résultats.

40. La charte relationnelle

*Établissez avec votre équipe une charte relationnelle
à laquelle chacun pourra se référer !*

Vous avez dit charte relationnelle ?

La charte relationnelle est une règle de fonctionnement dans les relations d'équipe que chacun va participer à construire, cautionner, s'engager à respecter et faire respecter.

Lorsque vous êtes (co-)décideur d'une décision, vous l'approuvez et vous voulez qu'elle s'applique. Ainsi, si vous décidez d'aller à la campagne, vous allez faire en sorte d'y aller. Une fois sur place, vous serez content d'y être. C'est la même chose avec l'équipe ; la codécision facilite l'implication et la motivation à appliquer.

Pourquoi une charte relationnelle ?

▶ Pour éviter les conflits, les non-dits, la langue de bois.

▶ Pour favoriser et fluidifier les relations.

▶ Pour augmenter le partage et une bonne communication.

▶ Pour clarifier les relations (qui fait, comment faisons-nous, que sommes-nous autorisés à faire ou pas, quels sont les droits et les devoirs dans le fonctionnement de l'équipe ?).

▶ Pour créer les conditions de la performance.

Vient maintenant le plus intéressant.

Comment mettre en œuvre la charte relationnelle ?

Par un protocole en six étapes : vous organisez une réunion de travail (ordre du jour, objectif, temps, mode de fonctionnement, résultat attendu). Le sujet ? « Établir notre charte relationnelle », les règles de fonctionnement en commun que tous, et ensemble, nous voulons appliquer et respecter.

Une fois l'équipe assemblée, voici les consignes :

1. Prenez un temps de réflexion individuelle de 3 minutes

Après celles-ci, vous échangerez (communication, mise en commun, partage). Chacun réfléchit au sujet suivant : au niveau de la communication, qu'est-ce qui vous gène, lors des réunions, dans le fonctionnement de l'équipe et lors du travail en groupe ? Repensez à la dernière réunion dans laquelle vous avez été gêné. Listez les attitudes qui vous ont déplu !

✓ Exemples d'attitudes déplaisantes en groupe

Quelqu'un qui coupe la parole, qui parle hors sujet, qui laisse sonner son téléphone portable ou qui y répond, qui parle à son voisin, qui n'écoute pas l'orateur et repose une même question, qui arrive en retard, qui ne s'implique pas, qui monopolise la parole...

2. Partagez et construisez la charte

- Sur un tableau, notez les attitudes négatives que chaque participant énonce.
- Sur un autre tableau notez les attitudes positives ou opposées aux précédentes, ou souhaitables, que les membres de l'équipe aimeraient voir appliquer.

✓ Remarque

- Faites compléter par le groupe. Concentrez-vous sur les attitudes positives, passez-y le temps nécessaire pour épuiser le sujet.
- Pensez à bien maintenir votre attitude « coach ». Vous avez posé le cadre, vous aidez les personnes à s'exprimer, ce sont elles qui apportent le contenu. Vous ne commandez pas.

L'ensemble de ces points positifs de comportement et de mode relationnel constituent la charte relationnelle.

✓ Exemple de charte relationnelle

- *Arriver à l'heure aux réunions qui commencent à l'heure ;*
- *Un responsable de l'ordre du jour est nommé pour chaque réunion ;*

- *Chacun a le droit et le devoir de s'exprimer sans qu'il soit interrompu ;*
- *Les téléphones portables sont coupés à l'entrée en réunion...*

3. Demandez à chacun de s'engager sur la charte qui vient d'être établie

Quand tout le monde est d'accord sur cette charte, chacun à tour de rôle énonce à voix haute, devant tous, son engagement à respecter cette charte et qu'il accepte, en cas de manquement, d'écouter et de prendre en compte le rappel à l'ordre qui pourrait lui être fait par quiconque.

Remarque

- Comme pour le rappel du cadre, si la personne est d'accord avec la charte, elle s'engage à la respecter et ne pourra qu'accepter d'être recadrée.
- Chacun accepte d'être recadré, ce qui incite chaque participant à intervenir en cas de violation de la charte.
- Si l'un de ces deux points ne se vérifiait pas, vous auriez l'occasion d'un travail de régulation d'équipe (fiche 50 : dynamique des cycles/cycle des activités).

4. Partagez vos points de progrès

- Chacun prend quelques secondes pour réfléchir aux points de progrès qui le concernent et aux pistes d'améliorations qui y mènent.
- Chacun énonce ses engagements de progrès (qui lui sont propres) devant le groupe.
- Si quelqu'un veut apporter un complément, il le fait, sans porter de jugement. Juste en pointant des faits.

Important

Notez les points de progrès de chacun ! Ils seront diffusés en annexe de la charte relationnelle qui sera transmise en compte rendu de la réunion.

✓ Exemple de partage de points de progrès

« Je m'engage à ne plus couper la parole aux autres et à demander la parole lorsque je veux m'exprimer.

— Je pense que tu devais également faire attention à laisser les autres exprimer leurs opinions. Par exemple, lors des deux dernières réunions, Nicolas et Vincent ont essayé de parler d'une autre approche. Tu as haussé le ton, fait un geste pour les faire taire. Ils n'ont quasiment pas pu placer un mot.

— Oui ! Oui, c'est juste ! [Approbation de plusieurs participants]

— D'accord ! Alors je m'engage aussi à écouter les autres avis, même si je ne les partage pas. »

✓ Remarque

▸ Diffusez la charte et les engagements ! Officialiser ce que vous avez convenu rend la charte plus applicable et plus défendable.

▸ La communication co-responsabilise les membres de l'équipe, évite les non-dits et les jeux de l'autruche (je ne veux pas voir et je ne fais rien).

5. Définissez le mode d'application

Convenez ensemble du mode de mise en pratique de la charte et de ses règles. Notamment :

* Définissez ensemble quelles pénalités ou sanctions seront appliquées pour le contrevenant, le récidiviste !

* Clarifiez le rôle du sheriff qui rappelle à l'ordre, donne des gages… Celui du garant du temps, de l'animateur de séance !

* Déterminez le rôle du garant de l'ordre du jour, du rapporteur de séance… !

6. Désignez un coordonnateur de la charte pour la prochaine séance

Au début de l'application de la charte, il est important qu'un coordonnateur soit désigné pour la séance suivante et que chacun sache de qui il s'agit. Le coordonnateur rappelle la charte au début de chaque réunion ou travail de groupe, il s'assure que les différents éléments sont en place (rapporteur, shérif, ordre du jour distribué à temps…).

En règle générale, le coordonnateur de la charte est le shérif de la séance. Une fois la charte intégrée dans les pratiques, le coordonnateur n'intervient plus que rarement pour rappeler les modalités de la charte et son application. Il peut parfois rappeler certains points. Il finit par n'être plus que le shérif de la réunion.

Le poste de coordonnateur et/ou de shérif tourne à chaque réunion.

✓ *Important*

Chacun est de fait, statutairement, shérif suppléant et coresponsable de l'application de la charte. Il est indispensable que chacun en soit conscient, l'accepte et surtout s'engage à jouer le jeu.

L'implication individuelle, l'autonomie des membres de l'équipe et de l'équipe elle-même, en tant qu'entité, sont un des objectifs du manager coach.

Faites participer chacun à la co-construction de la charte relationnelle ! C'est le premier pas effectué ensemble pour instituer votre équipe « nouvelle version ».

41. Monsontonnotremon

Rendez à César ce qui appartient à César !

C'est quoi ce Monsontonnotremon ? ! Qu'est-ce que ça veut dire ?

Dans l'équipe et lors du travail en réunion, en tant que responsable, vous êtes à la fois manager, participant et coach.

Lorsque quelqu'un pose problème vous devez trouver la réponse à cette question : est-ce mon, son, ton, notre, mon problème… ?

✓ *Exemple où monsontonnotremon s'applique*

Dans une réunion, que vous soyez, dirigeant, animateur, coach, participant coresponsable.

Mathieu intervient de façon dérangeante pour vous. Hors sujet, trop long, confus, justificatif, accusateur, agressif…

Posez-vous la question : « est-ce mon, son, ton, notre, mon problème ? »

Est-ce mon problème ?

Mathieu vous agace. Mettez-vous en méta-position et posez-vous la question : « Ce que je ressens provient-il de moi ? Par rapport à la perte de temps, le charabia de Mathieu, son agressivité, sa suffisance, sa personnalité ? »

Si votre réponse est « mon irritation provient de mon vécu, je ne supporte pas telle ou telle chose », cela vous renvoie à un problème que vous devez traiter ailleurs. Vous pouvez vous dire : « C'est mon problème. »

Est-ce son problème ?

Que se joue-t-il pour Mathieu, psychologiquement ? Et à quel niveau ?

- Psychologique inconscient : sans qu'il s'en rende compte, il cherche la reconnaissance du chef ;

- Psychologique conscient : il veut montrer et faire savoir qu'il a des choses à dire ;
- Social : il est membre effectif de l'équipe, donc il se sent obligé de participer. Même si c'est en dépit du bon sens ;
- Fonctionnel : par exemple, en tant que chef de service il valorise sa fonction par rapport aux autres services (compta/ventes, production…), la parole lui reviendrait donc de droit ;
- Institutionnel : il pense remplir sa mission en s'exprimant ;
- Identitaire : Mathieu se réalise en tant qu'individu en parlant comme il le fait ;
- Pouvoir : il pense exercer une influence sur les autres et c'est ce qui donne sens à son attitude.

Il en ressort que c'est son problème. Et puisque c'est son problème, vous ne faites pas le sauveur. Vous ne le confrontez pas au fait qu'il parle trop, qu'il est agressif… ce ne serait pas approprié. Vous assumez votre frustration, après tout : c'est son problème.

Est-ce ton problème ?

À l'issue des deux questions précédentes, il importe, éventuellement, de renvoyer Mathieu à sa responsabilité. Si la question n'est pas à traiter dans le groupe, vous lui dites le plus diplomatiquement possible : « Ce que tu dis est sûrement très important pour toi, mais n'a rien à voir avec la réunion. Je te suggère d'en parler avec la personne concernée (sous-entendu : ce dont tu parles est ton problème). Revenons à l'ordre du jour ! »

Est-ce notre problème ?

Suite aux trois questions précédentes, il s'avère que Mathieu est la voix du groupe. Il fait émerger dans la conscience du groupe un problème qui peut concerner le groupe ou chacun dans le groupe. C'est notre problème.

✓ Remarque

Une personne qui s'exprime représente souvent plus qu'elle-même. Elle est la partie qui émerge de l'iceberg. Il est donc important pour vous, manager coach, d'en tenir compte. Même si, pour une raison quelconque, vous ne traitez pas le problème instantanément.

Accusez réception : « OK ! Ce que tu dis nous concerne tous. C'est notre problème. Nous y travaillerons... »

Est-ce mon problème ?

Ayant pris conscience de tout ce qui précède, en tant que responsable, animateur, formateur ou coach, vous ne pouvez rester passif. Vous veillez à ce que le problème soit traité. Pour vous cela devient : « C'est mon problème. »

Être manager coach peut être très fatigant, surtout au début. Car cela signifie que vous êtes à la fois manager, participant et coach. Cette attitude requiert une gymnastique intellectuelle constante, avec dans chaque position un lot spécifique de considérations et de réflexions. Vous passez aussi successivement dans les positions perceptuelles. Votre travail intellectuel et plus important que d'habitude, votre concentration est constante.

Mais aussi, quelle formidable richesse ! Et combien plus de possibilités pour chaque situation vécue !

Devenir manager coach, c'est comme passer d'un univers plat à un univers en trois dimensions. Percevez autrement ! Passez dans les trois positions perceptuelles et posez à votre équipe et à vous-même de nouvelles questions ! Monsontonnotremon ?

42. Les compromis

Ils sont trop souvent des consensus ratés ou des accords bancals :
évitez-les !

Vous connaissez le compromis

C'est l'arrangement par lequel on fait des concessions mutuelles. Mais dans la concession, il y a forcément l'abandon de quelque chose que vous aviez ou que vous vouliez obtenir. Vous y perdez.

Pourquoi accepter un compromis ?

▶ Parce que ! C'est notamment un défaut des personnes ayant une forte structure d'accord. Elles perçoivent le positif d'obtenir un résultat. Elles ont l'impression que cela fait avancer le schmilblic.

▶ Par peur de se distinguer, par docilité envers le mouton dominant ou dans le but d'obtenir un consensus (le consensus, nous le verrons avec la fiche suivante).

Pour ces bonnes raisons, les membres d'un groupe peuvent se rallier à une proposition insatisfaisante. Ce conformisme de groupe ou cette volonté louable aboutissent à des situations aberrantes… Par exemple, prendre collectivement une décision avec laquelle personne n'est vraiment d'accord ! Dans ce cas, personne ne gagne individuellement, pas plus que le groupe lui-même.

✓ Illustration du compromis

Le paradoxe d'Abilene, présenté par le sociologue Jerry B. Harvey dans son ouvrage, The Abilene Paradox and Other Meditations on Management, *est une illustration de cette incapacité d'un groupe à gérer collectivement son accord.*

Quatre adultes, un couple et les parents de l'épouse, sont assis sous un porche, dans une chaleur abrutissante, dans la petite ville de Coleman, au Texas, à environ 85 kilomètres d'Abilene. Ils sirotent tristement de la citronnade, observant le ventilateur souffreteux et entamant de temps à autre une partie de domino.

À un moment, le père de l'épouse suggère qu'ils se rendent à Abilene pour se restaurer dans une cafétéria. Le gendre pense que c'est une idée folle mais n'ose pas contrarier sa femme qui voit si peu ses parents... Les deux femmes ne semblent pas opposées à cette idée et voilà tout ce petit monde entassé dans une Buick sans air conditionné, qui soulève sur le chemin des nuages de poussière... À Abilene, ils mangent un déjeuner médiocre dans un endroit glauque et reviennent à Coleman épuisés, suants, et peu satisfaits du périple.

C'est une fois de retour à la maison qu'ils se rendent comptent qu'aucun d'eux n'avait vraiment voulu aller à Abilene. Le beau-père l'avait proposé, et les autres l'avaient accepté juste parce que chacun avait pensé intérieurement, sans le vérifier, que les autres étaient désireux d'y aller. Et naturellement, chacun des personnages analyse ce manque de communication comme le problème des trois autres !

Vous avez probablement en mémoire, de nombreux exemples de situations comparables dont personne ne voulait :

- Le choix d'un film pour une séance de cinéma en groupe ;
- Le choix d'un restaurant qui concilie les goûts, les budgets, les lieux, l'affluence ;
- Le faux consensus sur la destination d'un de vos voyages en famille ;
- Ou encore une réunion au travail où une décision fâcheuse a été prise.

Dans ce cas personne ne gagne individuellement, pas plus que le groupe lui-même.

Rappelez-vous l'histoire du moine borgne et de l'étudiant : La lecture de pensée ! À l'inverse, rappelez-vous le contrat que vous passez avec vos interlocuteurs et la charte relationnelle... Communication et co-responsabilité !

Comment éviter le pire du compromis ?

- Soyez vigilant !
- Si vous imaginez ce que pense l'autre, émettez-en l'hypothèse et vérifiez-la !
- Faites en sorte que chacun applique son droit et son devoir : en s'exprimant, de façon factuelle et sans jugement !

✓ *Exemple d'hypothèse et de demande de confirmation*

« À voir tes sourcils froncés, j'imagine que mon idée ne te plaît pas. Est-ce que je me trompe ? »

✓ *Exemple d'une opinion étayée par des éléments factuels*

« Je pense qu'Arnaud n'est pas le mieux placé pour mener à terme ce projet. Il dirige déjà les dossiers Niort, Mastaing et Besançon. Deux de ses collaborateurs sont placés chez des clients pour plusieurs mois et il est question qu'il prenne une nouvelle fonction d'ici la fin de l'année. »

Évitez les compromis bancals ! Communiquez ! Communiquer… vous savez… Mettre en commun.

43. Le consensus

Obtenez de vrais consensus !

Qu'est-ce qu'un consensus ?

Dans le consensus, comme dans le compromis, il y a la notion d'accord. Il y a aussi la même racine que dans consentement. C'est donc un accord par consentement mutuel. Idéalement, ce consentement doit être sans réserve.

Y a-t-il un seul type de consensus ?

Non, en fait, le consensus peut revêtir trois formes :

- Consensus symbiotique (le chef impose sa décision) ;
- Consensus partiel (un compromis) ;
- Consensus partagé (le vrai consensus, tout le monde est d'accord et satisfait, sans réserve).

Pourquoi ces trois formes de consensus ?

Parce que chacun présente des avantages et, bien sûr aussi, des inconvénients (nous noterons les avantages « + » et les inconvénients « - ») :

- **Consensus symbiotique.** Il répond à un mode de management directif :

   + Prise de décisions rapide. Le chef décide et, comme le chef a toujours raison, tout le monde agrée.

   - Peu d'échange et, sur du long terme, un manque d'autonomie des subalternes infantilisés.
- **Consensus partiel, compromis :**

   + Il règle le problème, pour le court terme.

   - Trop partiel. Il est fragilisé par les contradictions qu'il porte et les frustrations qu'il génère.

* **Consensus partagé :**

    + Une fois arrivés à ce consensus, les acteurs sont d'accord et satisfaits. Leur implication rend la mise en œuvre opérationnelle rapide.

    - Il exige beaucoup de communication, de négociation, de mise à plat des difficultés. Il nécessite la confiance des interlocuteurs, une collaboration élevée et homogène. Il requiert beaucoup plus de temps qu'un « pseudo » consensus.

Quand réaliser un consensus partagé ?

▷ À l'évidence, autant que possible.

▷ Dans une culture matricielle ou en réseau.

▷ Avec une équipe qui partage une vision commune (fiche 47 : vision), où les ressources individuelles sont mises au service de l'objectif commun, où la charte relationnelle fonctionne et où communication et collaboration sont bonnes.

La situation, l'organisation, les différences culturelles entre les personnes peuvent amener le manager à opter pour l'un ou l'autre des consensus. S'il doit trancher une décision avant d'avoir obtenu un consensus partagé, le manager coach gagnera néanmoins à communiquer sur son choix.

Dans la mesure du possible, obtenez un consensus partagé ! Vous générerez une dynamique constructive.

Chapitre 8

L'équipe par le manager coach

Ce ne sont pas les perles qui font le collier,
c'est le fil (Gustave Flaubert).

Certes le manager fait partie de l'équipe, mais c'est aussi lui qui la dirige et qui la coache. Pour ce faire, il doit maîtriser des concepts et des techniques pour agir en leader, c'est-à-dire conduire les autres et leur donner envie de faire. Il doit penser différemment, donner du sens à l'activité et partager une vision pour obtenir la performance et la tenir sur la durée. Les changements deviennent des opportunités et la dynamique positive entretenue favorise la réussite individuelle et collective tout comme l'expression des potentiels de chacun.

44. Le langage métaphorique, langage de leader

La métaphore nourrit une vision, un projet, elle ouvre à la créativité.
Utilisez la métaphore !

Un langage métaphorique, pour quoi faire ?

Traditionnellement, les informations à traiter par les managers sont des données dures : un savoir formel, systématique, quantifiable, universel, codifié. Ce qui donne des évaluations dures : efficacité, coût, retour sur investissement, rebut, quantité…

Par opposition, il y a la métaphore et les données molles.

✓ Un exemple de données molles

Lorsqu'il a été nommé chef de ce projet, Hiroo Watanabe a utilisé une métaphore. Sa mission était de : créer une voiture d'un concept totalement différent ; faire que cette voiture ne soit ni chère ni bon marché… C'étaient, là, ses deux seules consignes.

C'est alors qu'il fit naître une métaphore : la « théorie de l'évolution automobile ». Il s'est posé la question : « Si l'automobile était un organisme vivant, comment devrait-elle évoluer ? » La réponse était : « Homme maximum, machine minimum ! »

L'idée qui en découla était celle de la sphère. La voiture devait être courte (moindre place sur la chaussée) et haute (pour le confort de l'homme). Elle devait aussi être légère (centre de gravité, stabilité, consommation). Le moteur devait occuper peu de place (plus d'espace dans l'habitacle).

De là naquit la Honda City. Cette voiture n'a jamais été importée en Europe. C'était une citadine exclusive avec laquelle Honda devenait le pionnier d'une nouvelle génération de voitures. Aujourd'hui, 25 ans plus tard, avec les Modus, Mini, Yaris Verso et autres Smart, ce concept est devenu banal. Pourtant, à l'origine de ce concept il y eut une métaphore. Celle de la voiture organisme vivant et au service de l'homme.

Pour qu'un manager soit à l'aise avec le « mouflou » (fiche suivante), il doit être capable de manipuler les images, les métaphores (théorie de l'évolution automobile…), aussi bien que des données chiffrées.

Quelle est la spécificité de la métaphore ?

Le langage utilisé est celui de l'image :

- « Pour ce poste, nous avons besoin d'un pit-bull. Inutile de nous présenter un caniche nain. » ;

- « Je vous vends la Rolls des machines. » ;

- « Soyez un requin, sinon c'est vous qui serez mangé. » ;

- « Rendez-moi ce dossier plus sexy et je le présente en comité. ».

Comment mener une démarche métaphorique ?

En trois pas :

1. Établir une métaphore (la maison « troisième peau ») : la métaphore recèle plusieurs interprétations, voire des contradictions en elle. Elle ouvre les perspectives, le débat, les possibilités, les images ;

2. Explorer les analogies (respiration, auto-régulation, ergonomie, facilité de vie, entretien, l'humain d'abord) : l'analogie explicite les points communs et les différences. Par exemple, le photocopieur personnel de Canon dont l'idée géniale fondatrice était le parallèle, l'analogie, entre le tambour jetable du photocopieur et la cannette de bière en aluminium, elle aussi jetable ;

3. Développer un modèle (faire un prototype et le tester d'un œil critique afin de le faire évoluer) : un modèle conceptuel, un modèle plus compréhensible qui répond à une logique. Il concrétise un concept et le rend accessible à tous. Ainsi la Honda City et la notion de sphère, ou le modèle économique du tambour-cannette jetable et bon marché. La maison bio-climatique qui respire, régule seule l'humidité et la température.

Alors, pourquoi un langage métaphorique ?

L'exemple d'une métaphore reprise comme un slogan est assez parlant : « Blédine Jacquemaire, la seconde maman ! »

Quand vous êtes convaincu que vous travaillez pour être la maman de substitution, une seconde maman, vous n'avez certainement pas la même attitude que si vous travaillez à fabriquer une quelconque bouillie. C'est la même différence qui existe entre celui qui taille une pierre et celui qui bâtit une cathédrale.

- La force de la métaphore est qu'elle est à la fois suffisamment explicite pour motiver, et suffisamment imprécise pour que chacun puisse l'interpréter à sa façon et se l'approprier.

- Elle utilise souvent une image, accessible à tous et très parlante.

- De plus, la métaphore nous atteint également à un niveau inconscient, comme les rêves ou les images utilisées en hypnose, ce qui lui donne d'autant plus de force car elle agit aussi à un autre niveau, malgré nous.

L'histoire du moine borgne pour la lecture de pensée ou le cas du golfeur pour l'apprentissage paradoxal sont des exemples d'histoires métaphoriques. Elles vous font comprendre quelque chose sans même vous l'expliquer.

Ainsi, si comme disait Flaubert, c'est le fil qui fait le collier, vous avez compris que c'est le manager qui fait l'équipe.

La métaphore est un outil puissant. Langage universel accessible à tous, elle donne un sens et ouvre à la créativité. Chacun se l'approprie et chemine avec. Elle confère une auto-motivation. Semez des graines ! La nature se charge d'en faire des plantes.

45. Les notions familières du manager coach

*Ces notions impactent et transforment de plus en plus
le management ; maîtrisez-les !*

Au même titre que la métaphore, qui enrichit le leadership, qui amène d'autres fonctionnements et transforme la pratique des managers, vous utiliserez bientôt : Mouflou, Complexité, Systémique et Circularité, plutôt que Dursûr, Complication, Analytique et Linéarité...

De quoi s'agit-il ?

« Dursûr » et « mouflou »

Au siècle dernier, les données économiques étaient relativement constantes. Produire plus, vendre plus, gagner plus. La concurrence était connue, le marché maîtrisé. Dans les années soixante, il suffisait de produire plus, le marché était demandeur et toute production trouvait preneur. Dans les années soixante-dix, vous baissiez les prix ou vous faisiez plus de réclame, et vos ventes augmentaient. Et jusque dans les années quatre-vingt-dix, il était relativement cartésien de gérer production, inflation, cours des matières premières, taux de change, concurrence, etc.

Les choses étaient quasiment immuables, solides. C'était du *dur*. Vous fabriquiez des boulons, vous en fabriqueriez encore l'année d'après. Elles étaient relativement constantes ou prévisibles. Des boulons, vous alliez en produire d'avantage, vous alliez étendre la gamme à un autre alliage. Vous seriez augmenté en fin d'année. Vous prépariez vos vacances des mois à l'avance. Tout ce que vous connaissiez serait encore là, avec quelques évolutions, ou des changements de niveau un, et rien d'extraordinaire n'interviendrait. C'était du *sûr*. Voici le « dursûr ».

De nos jours, les choses sont différentes. Nouvelles technologies, concurrence fonctionnant sur d'autres schémas, psychologies des clients plus complexes, extrême rapidité des changements (produits, concurrents, technologies, internationalisation). Rien n'est constant, stable ou solide. C'est le *mou*. Les limites, les contours, les données ne sont plus clairement affichées, précises et claires. La fourchette des prévisions est plus large et moins précise. Voire, il n'y a plus de prévision, juste des sauts dans l'inconnu gérés le mieux possible. C'est le flou. Voilà le « mouflou ».

Dans cette ère du « mouflou », il est évident qu'une attitude qui était pertinente dans le « dursûr » ne peut aboutir qu'à l'échec. Rigidité et certitude ne sont plus des qualités.

Complication et complexité

La *complication*, c'est par exemple un réveil mécanique. Avec tous ses rouages. Il est compliqué, mais si quelqu'un vous enseigne à le démonter et à le remonter, au bout d'un certain temps vous saurez le faire. La complication est bornée, elle est contenue dans des limites définies.

La *complexité*, c'est une assiette de spaghettis bolognaise. Vous pouvez compter le nombre de spaghetti, mesurer précisément la sauce tomate, le poids de la viande et le faire des milliers de fois. Vous ne pouvez pas garantir de réaliser deux fois de suite la même assiette. Même position de chaque spaghetti, même écoulement de la sauce, même répartition des petits morceaux de viande… La complexité n'a pas de limite définie, ou, plutôt, le nombre de paramètres et d'interactions est tel qu'elle est quasiment infinie.

La technologie, les produits, les relations d'affaires sont de plus en plus compliqués, mais surtout de plus en plus complexes. Il n'est plus possible de maîtriser, au mieux pouvez-vous vous appliquer à percevoir globalement votre domaine d'activité dans son environnement.

Analytique et systémique

Le principe *analytique* est de réduire l'étude d'un phénomène au plus petit élément constitutif possible.

Exemples de découpage analytique : le corps, la fonction (digestion, circulation, respiration), l'organe, éventuellement la cellule…

Les progrès scientifiques du XIXe siècle, la révolution industrielle (réduction en une succession de tâches les plus simples possibles) ont été réalisés grâce à ce principe.

Or, notre univers est un système. Nous ne pouvons pas prévoir la météo simplement en étudiant la température ou la pression atmosphérique, ou encore l'hygrométrie. L'analytique a permis d'énormes progrès mais arrive à ses limites. Cela est d'autant plus vrai dans un monde de plus en plus complexe ou de très nombreuses interactions sont à prendre en compte.

Marché boursier, politique, cours des énergies, événements internationaux, effets psychologiques (victoire sportive, Jeux olympiques, attentats) influencent, directement ou pas, des activités qui d'un point de vue analytique n'ont aucun rapport. L'entreprise s'inscrit désormais elle aussi de plus en plus dans des inter-relations systémiques.

En ce qui concerne l'approche *systémique*, plutôt que d'étudier chaque chose en particulier, appréciez-la en tant que partie d'un système et donc étudiez le système lui-même. Comprenez que l'enfant qui a un comportement inadapté n'a ce comportement qu'en raison du système familial dans lequel il vit.

Le bouc émissaire d'un groupe se justifie par rapport au groupe lui-même et aux autres membres qui le constituent. Dans une approche systémique, le bouc émissaire n'est pas la personne à sanctionner comme étant celle qui cristallise tous les défauts, mais comme le révélateur d'un fonctionnement de groupe qui doit être étudié et changé.

Dans cette compréhension du monde, la partie du système est représentative du système lui-même mais ne peut en être dissociée. Tout comme une cellule du foie est représentative de cet organe mais ne peut se comprendre qu'au sein du foie (lui-même dans le corps, lui-même dans un mode de vie, lui-même dans un environnement).

Linéarité et circularité

La logique *linéaire* s'organise selon des causalités linéaires. Des liens de cause à effet. Si A, alors B. Cette logique opère de façon dissociative pour réduire au plus petit élément analysable, dans une relation simple. Lorsque je baisse les prix de 10 % j'augmente les ventes de 5 %. Donc, si j'arrivais à baisser les prix de 20 % j'augmenterais les ventes de 10 % (faisant abstraction de la notion d'élasticité).

La logique non linéaire, quant à elle, englobe les notions de *circularité*, de boucle de cause à effet... J'implique le client dans la conception du produit. Le produit évolue et répond mieux aux envies du client qui devient plus fidèle et propose des améliorations. La relation n'est pas linéaire de A vers B, mais plutôt :

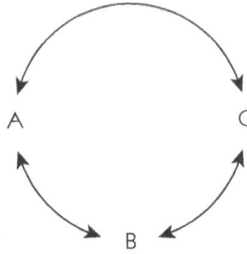

Pourquoi connaître ces notions ?

▶ Parce qu'elles vous offrent matière à penser différemment et à comprendre autrement.

▶ Parce qu'elles facilitent votre pratique de manager coach. Notamment votre place en troisième position perceptuelle (méta-position) qui appréhende les relations de manière plus large.

▶ Parce que le monde évolue vers plus de complexité, des changements plus nombreux et plus rapides. Et que ces modes de pensées et ces concepts sont adaptés à ce nouveau monde.

Les notions de « mouflou », de complexité, de systémique sont adaptées à notre environnement et à son évolution ; adoptez-les ! Cette tournure d'esprit et ce mode de réflexion sont relativement simples à acquérir. Ils correspondent parfaitement à l'attitude du manager coach.

46. Contenu, processus, sens

Consacrez d'avantage d'attention au processus !

Traditionnellement, le manager se consacrait principalement au contenu, à l'opérationnel de son poste, au « quoi ». Le manager coach, tout comme le leader, tire sa force – et ses résultats – de l'attention qu'il porte au processus, aux personnes, au « comment ».

Qu'est-ce que c'est ?

▶ **Contenu : les ingrédients** (farine, œufs, sucre, beurre…). Le contenu, c'est l'opérationnel, le quotidien, le cœur du métier. Fabriquer des jus de fruits, câbler des armoires électriques ou réaliser des emballages.

▶ **Processus : la recette.** C'est ce que vous faites des ingrédients, dans quel ordre vous les mettez en œuvre et comment vous les combinez ; la charte relationnelle, le mode opératoire pour prendre une décision collective, le style hiérarchique, le « comment » fonctionne l'entreprise.

▶ **Sens : le pourquoi.** Au-delà de l'opérationnel, quelle est la signification de ce que vous faites ?

✓ *Exemple de sens*

Vous préparez une fête d'anniversaire. Le sens de cette fête, c'est rendre les gens heureux, créer une occasion de s'amuser, de convivialité.

Partager la vision, c'est permettre à chacun d'être motivé, enthousiaste, en sachant pourquoi il agit. Qu'il s'agisse de bâtir une cathédrale ou de cuisiner un gâteau d'anniversaire.

Pourquoi insister sur l'importance du processus et du sens ?

Parce que c'est là que votre rôle est prépondérant et qu'il va devenir de plus en plus important.

De la même façon que le premier violon joue mieux du violon que le chef d'orchestre, vous n'avez pas nécessairement les compétences de ceux qui sont sous votre responsabilité, dans les domaines techniques, marketing, comptables…

Votre rôle sera de moins en moins celui d'un technicien mais d'avantage celui d'un manager et même d'un leader. Avec les nouveaux modes de fonctionnement des salariés, avec des spécialités de plus en plus pointues, ce phénomène ira s'accentuant[1].

Alors, de même que le chef d'orchestre n'a plus la possibilité de jouer d'un instrument, vous, manager coach, ne pourrez plus vous payer le luxe de faire de l'opérationnel.

Vous focaliser sur le processus et sur le partage d'une vision et laisser à vos collaborateurs le soin de faire, la charge de réaliser l'opérationnel, telle deviendra votre mission la plus importante.

Pour une entreprise, il n'y a pas de partition écrite et immuable. La symphonie s'écrit au quotidien, au fur et à mesure de la réussite ou des égarements. Le manager coach gère et accompagne dans le « mouflou ».

Vous définissez un cap. Ensuite, le gros de votre travail consiste à analyser en continu ce qui se passe, à jouer sur les curseurs pour ajuster les interprétations dans l'orchestre et obtenir la musique la plus harmonieuse possible.

Comme un chef d'orchestre, ajustez, coordonnez, modifiez le tempo et les apports des uns ou des autres. Ce n'est plus « faire » qui importe mais « comment faire faire ». Laissez le contenu ! Focalisez-vous sur le processus !

---

1. Lire l'article « L'avenir du management » sur le site « evoluence-lc.com ».

47. La vision

Donnez de la cohésion à vos projets. Donnez du sens à vos actions :
Partagez une vision !

Quel intérêt d'avoir et de partager une vision ?

Partager une vision, c'est donner à chacun l'envie de bâtir la cathédrale.

✓ Illustration d'une vision

Un passant demande à un homme qui tape sur une grosse pierre :
« Qu'est-ce que vous faites ? » « Vous le voyez bien, répond l'homme, je
taille une pierre ! »

Un peu plus loin, le passant pose la même question à un autre
homme qui, lui aussi, taille une pierre. Celui-ci lui répond : « Je cons-
truis un mur ! »

Un peu plus loin encore, un troisième tailleur de pierre répond à la
même question, avec enthousiasme et les yeux brillants de fierté : « Je
bâtis une cathédrale... ! »

Partager une vision c'est agir en leader. C'est donner aux autres
l'envie de faire. C'est leur fournir les raisons d'être auto-motivés.

Quelles sont les leçons de la Silicon Valley par rapport à la vision ?

La Silicon Valley a constitué un laboratoire unique où se sont inventés de nouveaux modèles entrepreneuriaux et de nouvelles structures organisationnelles.

La culture Silicon Valley est fondamentalement optimiste, orientée vers le futur et vers les possibilités. Les membres de l'entreprise ont plus de responsabilités et d'autonomie, chacun possédant souvent une part de l'entreprise (stock-option).

Mais les entreprises plus traditionnelles peuvent, elles aussi, utiliser les facteurs de succès des entreprises de la Silicon Valley. En voici quelques-unes :

- Inventer de nouvelles technologies et de nouveaux modèles organisationnels ;
- Augmenter les compétences ;
- Motiver les membres des équipes ;
- Satisfaire les clients et créer de la valeur ajoutée ;
- Définir et communiquer une vision claire...

Pourquoi la vision est-elle un facteur crucial ?

Parce que la vision du fondateur d'une entreprise émergente crée les fondations sur lesquelles se bâtit le reste.

Une étude menée auprès d'investisseurs américains leur demandait pourquoi ils avaient choisi d'investir dans telle ou telle entreprise en particulier. Leurs réponses étaient fréquemment fondées sur des éléments intangibles, du « mouflou », tels que la vision ou la passion du fondateur.

Les investisseurs savent que la technologie changera, que le marché changera, que les collaborateurs changeront ; la constante sera la vision et la capacité d'anticipation du leader.

Si cela fonctionne dans l'univers ultra-concurrentiel de la Silicon Valley, pour des entreprises qui ont conquis les premières places mondiales dans leurs domaines, cela est vrai aussi pour vous.

La vision est comme l'étoile pour le marin. Celui-ci sait qu'il n'atteindra pas l'étoile, mais elle le guide et lui indique la direction à suivre.

✓ Un exemple de vision

Pour une entreprise qui fabrique des équipements de contrôle industriel et de distribution d'énergie (interrupteurs, onduleurs...), tout ce qui touche à l'électricité, la vision exprimée était : « Le courant de confiance » !

La force de cette vision est qu'elle s'exprime également comme un slogan (comme celle de la bouillie pour enfants évoquée plus haut). C'est une vision partagée à la fois dans et à l'extérieur de l'entreprise.

Et vous, quelle est votre vision ?

Imaginez l'épitaphe que vous voudriez voir figurer sur votre tombe ! Cette épitaphe, c'est le résultat de votre vision. La vision de ce que vous voulez faire de votre vie et qui conditionnera que vous l'obteniez.

Si vous n'avez pas de vision, vous acceptez tacitement que soit gravée une autre épitaphe que la vôtre, banale et anonyme.

La vision, c'est la cathédrale que bâtit le tailleur de pierre. Quelle est votre vision ? Quelle est la vision de votre entreprise ? Si vous n'avez pas de vision, vous êtes en pleine mer sans boussole !

48. Changement et homéostasie

Vous voulez favoriser un changement ?
Un, appuyez-vous sur vos supporters !
Deux, sécurisez vos collaborateurs avec le non-changement !

Homéostasie ?

L'homéostasie est la stabilisation, chez un organisme vivant, des différentes constantes physiologiques. C'est le mécanisme qui consiste à maintenir sa structure. Autrement dit, la faculté à maintenir les choses en leur état présent et à surtout ne rien changer.

Comment pouvez-vous favoriser le changement ?

Deux choses fondamentales sont à faire :

- La première, rassurer les personnes vis-à-vis du changement ;
- La seconde, chouchouter vos supporters et vous appuyer sur eux.

Pourquoi rassurer sur le changement ?

Parce que le changement est insécurisant par nature. Même si le conscient a une forte partie progressiste favorable au changement, l'inconscient a, quant à lui, une partie conservatrice, plus forte encore. Cette dernière renâcle à perdre la sécurité de ce qu'elle connaît, à faire le deuil des acquis du passé. Elle a peur de l'inconnu qu'annonce tout changement. C'est pour cela qu'il est si important pour changer de garantir la part de non-changement.

Illustration du besoin de non-changement
par l'exemple de la poussette

Le jeune enfant qui marche déjà un peu exige très souvent d'emporter la poussette lors d'une promenade. Il veut marcher, mais il veut aussi la poussette. Sa présence le rassure.

S'il est fatigué de marcher (que ses jambes, seules, sont fatiguées), il pourra réclamer de « marcher » sur les épaules de son père. L'objectif pour lui est de marcher (grandir) mais il garde le recours et le confort (réconfort) de la poussette. S'il est très fatigué (lui, globalement), il voudra s'asseoir dans la poussette, être pris en charge comme un petit.

Essayez de lui imposer de partir sans poussette, vous vous imposerez sûrement en retour pleurs, « caprice » et jérémiades. De même si vous voulez le coller dans la poussette d'autorité, pour ne pas perdre de temps.

Pour l'enfant, la sécurité qu'il soit encore, au besoin, traité comme un petit (non-changement), qu'il ait le recourt de la poussette, le rassure et lui permet d'accepter la part de changement (grandir et marcher).

Dans l'entreprise, pour que le changement se déroule et se vive dans les meilleures conditions, le manager coach doit veiller à garantir la sécurité dans le changement.

Comment procéder pour rassurer sur le changement ?

Plus il y a de changements, plus les changements sont importants, plus la partie conservatrice va s'en inquiéter et résister :

- Garantissez d'autant plus les zones de stabilité et de sécurité ! Ce qui est conservé, ce qu'ils connaissent déjà ;
- Les personnes et les équipes ont besoin de s'appuyer sur des éléments rassurants qui ne soient pas nouveaux mais, au contraire, qui appartiennent au passé ; des constantes de l'entreprise depuis toujours : gamme, image de marque, famille actionnaire, organisation du travail… ;
- Tout élément inchangé peut être utilisé. Il peut s'agir du cadre (lieu, temps, procédures, budget), des interlocuteurs, des outils, de l'objectif (projet, mission, vision, sens). Il conviendra de le déterminer au cas par cas.

C'est vous, manager coach, qui apportez cette sécurité.

Exemples de non-changement dans le changement

L'entreprise est rachetée par un groupe étranger, l'usine ferme. La part de changement est donc considérable.

Points de non-changement :

- Pendant six mois rien ne sera changé. Stabilité pendant cette période. La fermeture interviendra dans un an ;

- Tous les emplois sont maintenus ;
- La plupart des personnes sont reclassées à moins de 40 km. Pas de changement de domicile ;
- Certaines équipes sont maintenues dans leur intégralité. Elles sont identifiées et citées. Pas de changement relationnel ;
- Les avantages sociaux, les grilles de salaires et les primes sont maintenus. Pas de changement de statut ou de rémunération ;
- Le mode organisationnel de l'entreprise est inchangé. Pas de changement du mode de fonctionnement et des interlocuteurs ;
- Les lignes de produits seront suivies. Pas de changement des gammes ;
- Chacun trouvera au sein de l'entreprise un emploi équivalent – pas de changement – ou pourra choisir une formation pour un poste plus évolué – changement volontaire ;
- Les machines, les postes de travail sont identiques ;
- Chaque déplacement d'une personne ou d'un groupe se fera par une période de transition d'un mois (changement sans changement)…

Chouchoutez vos supporters !

Lorsque vous proposez un changement, la situation la plus courante est 20/60/20 :

- 20 % des personnes sont favorables, à la nouveauté, au changement. Elles sont partantes et prêtes à vous suivre ;
- 60 % des personnes sont indécises. Elles ne savent pas, hésitent, attendent de voir ce qui se passe avant de se prononcer… ;
- 20 % sont contre.

L'erreur la plus communément commise consiste à essayer de convaincre les opposants. Ils absorbent alors 60 % à 80 % de l'énergie et du temps du manager pour ce projet, 20 à 40 % sont consacrés aux hésitants, 0 à 20 % sont consacrés aux enthousiastes. Pourquoi leur consacrer de l'énergie puisqu'ils sont déjà convaincus ? Tout faux !

Les plus précieux de vos collaborateurs, face au changement, sont ceux qui vous soutiennent et sont prêts à vous suivre dans vos projets. Ce sont ceux-là qui vont permettre que le projet prenne corps.

Ils sont vos relais. Aussi, pour qu'ils puissent jouer leur rôle et vous aider, vous devez leur accorder le temps qu'ils méritent : soit 20 à 60 % de votre temps et de votre énergie consacrés au projet.

Les hésitants, par définition, hésitent. Mais ils ne demandent qu'à être convaincus. Ils le seront par les plus enthousiastes, par vous-même et par les premiers résultats. Ils doivent recevoir au minimum 20 % de votre énergie pour les encourager. Puis, au fur et à mesure que le projet avance, un peu plus de votre énergie les fera basculer du côté des « favorables », des supporters.

En conséquence, les réfractaires au changement doivent recevoir le minimum d'attention au départ. Celle de leur fixer comme règle, à défaut de participer activement, de ne pas entraver le travail des autres et de ne pas saboter le projet, ni en interne, ni vis-à-vis de l'extérieur. Ce contrat doit être explicite et connu de tous.

Les réfractaires finiront peut-être par accepter le projet, par imprégnation, l'air de rien, pour peu qu'ils ne soient pas braqués par trop d'insistance. Car ils pourraient faire une « affaire d'honneur » de maintenir leur position de départ. S'ils ne deviennent pas favorables, s'ils ne participent pas, au moins aurez-vous donné au changement les moyens d'aboutir, sans vous disperser du côté de ceux envers lesquels vos efforts étaient inutiles.

Comment renforcer vos chances de réussir le changement ?

La répartition de votre énergie pour avancer efficacement doit être :
* Jusqu'à 60 % pour les enthousiastes qui soutiennent le projet ;
* 20 à 40 % pour les hésitants ;
* 0 à 20 % pour les opposants.

Un, rassurez sur la part de non-changement du changement ; deux, accentuez les avantages du changement ; trois, consacrez le plus de temps et d'énergie à ceux qui soutiennent le changement ; appuyez-vous sur ceux qui soutiennent le changement pour le réussir !

49. Orientation moyens/orientation résultats

Vous savez où vous et les membres de votre équipe voulez aller.
Alors, allez-y !

Quelles différences entre une équipe orientée moyens et une équipe orientée résultats ?

▶ **Une équipe orientée moyens** veut obtenir les moyens qui lui permettent d'atteindre son objectif. Rien ne garantit cependant qu'elle utilisera effectivement les moyens obtenus à bonne fin.

Une équipe orientée moyens est centrée sur ce qui entre (*input*), ce dont l'équipe a besoin pour fonctionner. Les membres de l'équipe sont concentrés sur l'effort à fournir, l'énergie à dépenser, l'investissement personnel, le coût financier, le temps nécessaire, les moyens à mettre en œuvre. Ils recherchent ce qu'une nouvelle demande nécessite pour être réalisée…

Orientées moyens, trop souvent les équipes se gèrent. Avant de se fixer un objectif, elles estiment ce qui leur serait nécessaire, envisagent la faisabilité du projet, font l'inventaire de leurs moyens, toutes choses étant égales par ailleurs. Généralement, ces équipes réclament d'avantage de moyens avant de commencer.

▶ **Une équipe orientée résultat** veut atteindre son objectif. Elle fera ce qui est nécessaire pour réussir.

Une équipe orientée résultats est centrée sur ce qui sort (*output*), ce que produit l'équipe, sa finalité. Les membres de l'équipe sont aspirés et inspirés par l'objectif, leur énergie est stimulée par leur progression. La quête d'une concrétisation est leur moteur. Les réalisations tangibles les récompensent et les encouragent à poursuivre. Ils sont concentrés sur « comment » ce qu'ils ont déjà peut leur permettre d'obtenir ce qu'ils veulent.

Orientée résultats, une équipe performante (qui n'est pas gérée, mais animée par un chef d'orchestre) commence par se déterminer un objectif, une vision. Cette vision est une aspiration et une source d'inspiration pour chacun des membres de l'équipe. L'équipe performante va trouver ou ré-allouer les moyens nécessaires pour réussir, pour atteindre son but, pour réaliser sa vision. Souvent, sans dépenser plus, ou si peu en proportion de ce qu'elle accomplit.

Quels sont les risques encourus par chaque type d'orientation ?

▶ **Une équipe orientée moyens** risque d'évoluer vers une forte dimension administrative. Elle gère, administre, contrôle des moyens. Tendance : mise en œuvre d'une politique de moyens.

▶ **Une équipe orientée résultats** s'arrange non pour allouer mais pour distribuer et redistribuer les moyens. Elle risque de dépendre du bon vouloir du prince et donc d'amener des jeux de cour (manipulations, hypocrisie). La fin justifie les moyens. Tendance : mise en œuvre des moyens d'une politique.

Que pouvez-vous faire ?

Comment améliorer une équipe orientée moyens ?

Une équipe orientée moyens a une forte homéostasie. Elle est centrée sur le management des forces et des faiblesses internes. Comment l'améliorer ?

- Centrez, par exemple, ses réunions sur le nombre et la qualité des décisions que vous y prenez (résultats) ;
- Remplacez la focalisation sur le coût des projets par la focalisation sur ce que vos décisions peuvent apporter ;
- Partagez une vision ;
- Déterminez des objectifs (bien formulés, fiche 26) ;
- Concentrez-vous et attirez l'attention sur l'avenir ;
- Instaurez la communication. Mettez vos idées, vos projets en commun ;
- Raisonnez en terme de profit, pas en terme d'acquis ;
- Valorisez la créativité qui induit des économies, plutôt que les économies sur le budget comme une fin en soi.

Comment développer l'efficacité d'une équipe orientée résultats ?

Orientée résultats, une équipe performante est plutôt « changement ». Elle est attentive à la prise en compte des opportunités et des menaces présentes dans l'environnement. Comment développer son efficacité ?

- Affirmez le cadre ;
- Préservez la cohésion de l'équipe et la cohérence avec la vision de l'entreprise ;
- Partager les objectifs ;
- Respectez la charte relationnelle ;
- Renforcez votre rôle de leader et diminuez celui de manager ; en d'autres termes, devenez manager coach. Donnez envie de faire plutôt que dire quoi faire ;
- Renforcez la collaboration ;
- Favorisez la communication et la méta-communication.

Arrêtez de « gérer » votre équipe et soyez-en le leader. Ensemble, orientez-vous résultat !

50. La dynamique des cycles

La vie connaît des cycles ; les saisons, la production et les produits aussi. Chaque phase amène la suivante, la permet, la renforce. Vous aussi, dans le management d'équipe utilisez cette dynamique !

Quels sont les cycles utilisables dans le management d'équipe ?

- Cycle des responsabilités.
- Cycle des activités.
- Cycle d'achèvement.
- Cycle de l'énergie.

Puisque l'intérêt d'un cycle est l'enchaînement de ses différentes phases, tirez-en partie et stimulez cette dynamique !

Le cycle des responsabilités

- Faites tourner les responsabilités !
- Instaurez une pratique au sein de votre équipe : à chaque réunion, le gardien du temps change, le rapporteur change, l'animateur change, le responsable de l'ordre du jour et de son respect change.

Pourquoi utiliser le cycle des responsabilités ?

- Chacun ayant été, étant ou allant être le responsable d'un aspect de réunion, il en connaît le prix et respectera plus volontiers ces différents aspects ;
- La responsabilité tournante favorise la co-responsabilité. Difficile de ne pas être partie prenante à une réunion ou de ne pas y être attentif si vous en rédigez le compte rendu… ;
- Les rythmes et les responsabilités qui changent évitent une tension constante ;
- Le passage dans les différents rôles permet d'expérimenter et de mieux comprendre l'autre. Il facilite la fluidité dans les relations ;
- Tout le monde joue le jeu et s'exprime plus librement car cela fait partie des rôles de chacun et de la règle explicite.

Le cycle des activités

ORF = Opérationnel, Relationnel (régulation), Formation.

L'opérationnel

l'objectif du manager est forcément opérationnel. Opérationnel : faire ce pour quoi l'entreprise, la direction ou l'équipe existe. C'est ce que le manager produit et ce que son équipe réalise qui justifient sa position. Si l'opérationnel occupe beaucoup de temps, ce n'est pas forcément là qu'en terme de management, se trouvent les plus grands dangers. L'opérationnel ne saurait fonctionner sans relations et sans régulation dans l'équipe.

Le relationnel

Relation ou encore régulation : Ajuster, communiquer, méta-communiquer, expliciter l'implicite, mettre au jour les jeux destructeurs, exprimer les divergences, énoncer les problèmes, accuser réception des sentiments et de leurs expressions, ajuster les comportements, les règles, la charte relationnelle…

La régulation consiste à traiter un problème quand il apparaît (ici et maintenant) avant qu'il ne devienne une catastrophe ou une bombe à retardement. Pour qu'une équipe fonctionne correctement, il y a forcément des ajustements à faire.

Exemple de régulation

Vous percevez du mécontentement dans votre équipe : bougonnements, critiques, façon dont les personnes se placent dans la salle, rejet d'un membre de l'équipe, constitution de clans qui interfèrent dans le travail. Il est temps de pratiquer une régulation ; de retrouver l'équilibre et de rétablir l'efficacité de fonctionnement :

- *Vous convoquez les membres de l'équipe pour une réunion spécifique. Ordre du jour : travail de cohésion de groupe et d'ambiance de travail. Ou vous prolongez une réunion sur le sujet spécifique de la régulation ;*

- *Vous exposez ce que vous avez perçu (des faits), ainsi que les conséquences qui en découlent ou pourraient en découler ;*

- *Vous demandez que chacun s'exprime. À tour de rôle, chaque personne répond aux questions : Que se passe-t-il ? Que faudrait-il ? Qu'aimerait-elle ? Quelles solutions propose-t-elle ?*
- *Bien sûr tout cela se déroule dans le cadre de la charte relationnelle ;*
- *Vous accusez réception et vous agissez promptement si quelque chose dépend directement de vous.*

En quoi la régulation est-elle si importante ? Certains pourront considérer que c'est « encore » une réunion. Et qu'elle risque de traîner en longueur. C'est vrai. C'est vrai qu'elle va durer un temps non déterminé car chacun doit avoir le temps d'épuiser ce qu'il a à dire. Vous devez même y veiller scrupuleusement et surtout ne pas laisser parler que les plus loquaces :

- Cette réunion a un but précis : vous réglez ensemble le problème présent dans l'équipe ;
- Mais aussi, vous faites preuve de réactivité, de créativité et d'efficacité ;
- Chacun a droit à la parole et le devoir de s'exprimer. Chacun est donc membre à part entière de l'équipe, il n'y a pas de personne moins importante ;
- Vous affirmez la co-responsabilité des membres de l'équipe vis-à-vis de son fonctionnement ;
- Vous n'animez pas une collection d'individus mais bien une entité : l'équipe. Ce travail renforce l'appartenance ;
- Vous mettez en œuvre un fonctionnement de collaboration pour obtenir plus et mieux ensemble ;
- Ce mode de fonctionnement marque une évolution dans les relations au sein de l'équipe ;
- Vous faites la démonstration d'un modèle de gestion des difficultés.

La formation

Pour atteindre les objectifs opérationnels, certaines compétences ou connaissances sont nécessaires (nouvel outil, nouvelle réglementation, nouveau marché…). Ceci implique que les collaborateurs soient formés.

De la même façon, pour la communication, la cohésion d'équipe, l'établissement d'une vision commune, des outils, un savoir-faire, un savoir-être devront peut-être être transmis. La modélisation du manager (vous prendre comme modèle) ne suffit pas forcément à faire passer toutes les compétences. Vous devez parfois recourir à la formation. Un temps de cohésion d'équipe (team-building outdoor, séminaire…) entre dans cette catégorie.

Le cycle ORF, c'est, pour le manager coach, alterner ces trois aspects de sa fonction afin que l'équipe évolue, devienne et reste performante dans la durée.

✓ *Remarque*

Vous veillez naturellement à l'opérationnel puisque c'est la base de votre fonction. Vous devez accorder autant d'importance à la régulation quand elle est nécessaire, et, de la même façon, combler les besoins de formation. C'est l'alternance de chaque volet (opérationnel, régulation, formation), le passage par chacun, qui nourrit le cycle et renforce l'opérationnel.

Le cycle d'achèvement

En trois mots, c'est : boucler la boucle.

Un projet, une opération, une activité, comportent :
- Une étape préalable : réflexion, planification ;
- Un début : mise en route, lancement ;
- Un milieu avec différentes séquences ;
- Une fin : achèvement, objectif atteint ;
- Une clôture : satisfaction, célébration, acte pris de l'achèvement de la totalité du cycle (réception des travaux) ;
- Une analyse postérieure qui fournit une rétro-information (feed-back).

Ces différentes phases s'enchaînent et se suivent. Elles forment un cycle.

Et tout comme une danse a un rythme, les activités fonctionnent par cycles. Si vous dansez dans le rythme, vos enchaînements sont fluides et paraissent constituer un mouvement continu, votre danse est harmonieuse, votre partenaire est ravi(e). Vous obtenez un résultat satisfaisant. Si vous perdez le rythme, alors : désynchronisation, mouvements heurtés, désagrément…

En d'autres termes, il est préférable :

- D'être en phase avec les étapes du cycle ;
- De boucler la boucle. Pour clôturer chaque cycle.

▶ **Les équipes orientées moyens** restent fréquemment à l'étape préalable où s'arrêtent au milieu du gué.

▶ **Les équipes orientées résultats** oublient la phase d'enrichissement de la rétro-information (feed-back). Pas de *knowledge management* possible. Elles obtiennent le résultat mais n'en tirent pas tous les enseignements. De plus, elles oublient aussi, souvent, de clôturer. Un projet n'est pas encore terminé qu'elles sont déjà sur le suivant. Pas d'encrage de satisfaction. Au contraire, la répétition des projets achevés, sans réelle célébration ou manifestation de succès, peut engendrer de la frustration et un déplaisir. « À quoi bon réussir quelque chose, on nous demande toujours plus ! »

Il est important de boucler la boucle, d'aller jusqu'au terme d'un cycle *et* de le clôturer.

Comment clôturer ?

Cette clôture peut être très simple et très rapide. Une simple annonce à l'équipe : « OK, c'est fait ! Nous avons bien travaillé ! » peut suffire. À l'inverse, une clôture peut aussi être une cérémonie importante, une fête grandiose, un événement. Il importe surtout que cette clôture soit manifestée, et donc manifeste.

Pourquoi accorder de l'importance à la clôture d'une tâche ?

▶ La clôture libère le cerveau d'une tâche.

▶ Elle permet un ancrage positif (devoir accompli) et mémorise un sentiment de satisfaction.

▶ C'est à la fois une ressource et une croyance positive qui s'installe : « Une réussite de plus = Je suis fait pour réussir ! »

▶ Un cycle accompli favorise l'accomplissement du suivant, les cycles s'enchaînent. Comme les saisons. À l'inverse, sans clôture, il y a plus de confusion et une altération de la motivation.

Le contre-exemple d'une tâche clôturée est celui de Monsieur Toutalafoy qui prévoit des tas de choses pour le week-end et qui n'en finit aucune. Vous découvrirez son histoire à la fin de cette fiche.

Le cycle de l'énergie

Lorsque nous pensons, agissons ou ressentons, notre conscience, notre énergie, est centrée sur l'un des cadrans de l'index de computation.

Qu'est-ce que l'index de computation ?

L'index de computation est encore appelé index de la conscience. Il distingue :

- Les processus internes : réflexions, recherches dans les souvenirs, visualisations, imagination ;
- Les comportements externes : actions, comportements, activités physiques ;
- L'état interne : émotions, états intérieurs, sensations corporelles.

Voici à quoi il ressemble :

L'index de computation

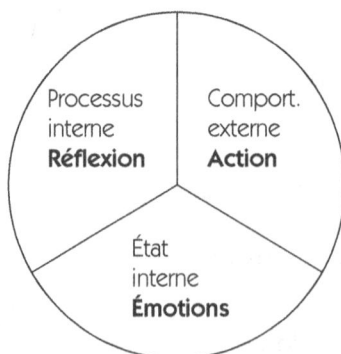

Si un cycle ne s'accomplit pas dans sa totalité par le passage par ces trois cadrans, alors le déséquilibre apparaît.

Si l'énergie est coincée dans une part de l'index de computation, la personne aussi est coincée. Par exemple, elle est centrée sur son malaise, toujours dans l'action ou en permanence dans ses réflexions, ses rêveries.

Que se passe-t-il si le cycle de l'énergie n'est pas achevé ?

Lorsque le cycle reste inachevé ou que l'énergie fait des allers-retours entre deux cadrans, il y a problème.

✓ **Par exemple, le timide**

il se sent mal, il se dit « bou là là, je n'ai pas envie de... », il sent qu'il se met à rougir, « aïe, aïe, en plus je rougis, ça va se voir. » Il se sent encore plus mal...

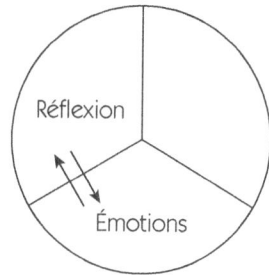

✓ **Autre exemple, le bosseur fou**

Il réfléchit et agit. Réfléchit, agit, réfléchit, agit... Pas d'émotion, pas de sensation. Jusqu'au jour ou la santé lâche, sa femme le quitte...

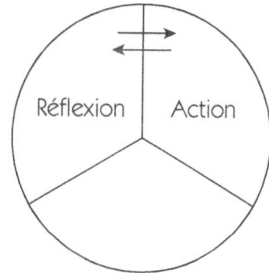

✓ **L'exemple du drogué**

Il se pique alors il se sent bien. Au bout d'un moment, il se sent mal. Alors, il se pique et il se sent bien. Puis il se sent mal...

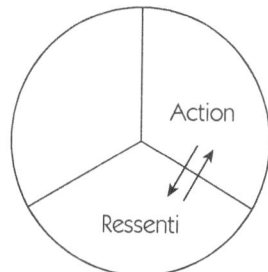

À qui s'applique le cycle de l'énergie ?

Le cycle de l'énergie se vérifie sur les individus comme sur les équipes. Avec l'avantage, dans l'équipe, que chaque membre peut être dans un cadran différent. Cela peut soit équilibrer, soit neutraliser le groupe.

Idéalement le cycle de l'énergie est continu, c'est-à-dire sans blocage et sans allers-retours successifs. Il fonctionne aussi parfaitement dans les deux sens.

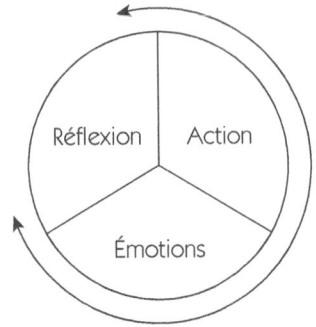

Exemples de cycle

Vous avez faim, vous penser à ce que vous aimeriez manger, vous préparez votre repas et mangez…

Vous pensez à quelqu'un, vous l'appelez au téléphone, vous vous sentez heureux de lui avoir parlé.

Vous pensez à un projet…

Si vous avez faim et que vous pensez au repas que vous voulez manger mais que vous ne faites rien. Il est probable que vous ne mangerez pas ce dont vous avez envie.

Si vous préparez un repas sans prêter attention à ce que vous voudriez manger, vous risquez également l'insatisfaction.

Cycle de fonctionnement complet : réfléchissez à un projet, mettez-le à exécution, obtenez la satisfaction de l'avoir mené à bien.

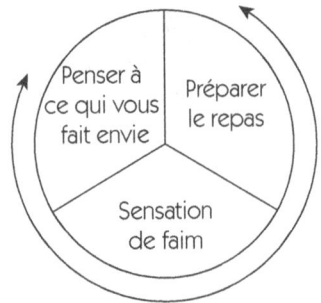

▶ Si le projet était pensé mais pas exécuté, problème.

◗ S'il était exécuté sans réflexion préalable, risques.

◗ S'il était pensé, réalisé mais sans satisfaction, cela entraînerait des frustrations.

Que faites-vous avec le cycle de l'énergie ?

Vous vous assurez que le cycle est complet :

- En équipe, s'il existe un malaise (état interne, émotion), vous pensez à effectuer une régulation où chacun va penser (processus interne, réflexion) et s'exprimer pour résoudre le problème (processus externe, action) ;

- Quand une décision est prise lors d'une réunion, validez qu'elle sera appliquée afin que tous se sentent satisfaits ;

- Si vous constatez un blocage dans le groupe (trop d'émotion, trop de réflexions et de bla-bla, trop d'agitation stérile), méta-communiquez et faites en sorte de boucler le cycle.

Ce faisant, vous bouclez déjà le cycle pour vous-même. Vous avez ressenti, réfléchi, agi. Vous permettez aussi au groupe de boucler son cycle de l'énergie. Et un cycle d'énergie qui tourne bien a tendance à gagner en puissance.

Pour en conclure avec la dynamique des cycles

Pour le paysan, aller à l'encontre des saisons est absurde, mais s'aider des saisons est sagesse.

C'est la même chose lorsque vous nagez : à contre-courant, vous vous fatiguez ; dans le sens du courant, vous allez plus vite et plus facilement. C'est évident ! Pourtant, ne connaissez-vous pas des personnes qui semblent avoir perdu ce bon sens ?

Rendez à la dynamique des cycles son évidence ! Contraction/décontraction, effort/repos, responsabilités dans le groupe, ORF, boucle d'achèvement, énergie… Dynamisez les cycles.

Plutôt que de les ignorer ou de vous y opposer, accentuez les cycles naturels et tirez-en parti ! Profitez de la dynamique des cycles !

Le week-end de Monsieur Toutalafoy

Ce week-end, Monsieur Toutalafoy va faire plein de choses qui sont en attente depuis des semaines. Pas question d'être oisif et stérile devant la télévision. C'est décidé, il passe à l'action. D'ailleurs, Madame Toutalafoy lui a bien fait comprendre que c'est ce qu'elle attendait de lui. De plus, dimanche ils reçoivent des amis, alors… !

Samedi, dès l'aurore, après un bon petit-déjeuner*[1] et une rapide toilette* (sa fille adolescente avait un besoin impératif de la salle de bain), Monsieur Toutalafoy décide que le plus urgent est de tondre la pelouse*. 10 h 15, il se dirige vers l'abri de jardin pour sortir la tondeuse.

Il ouvre la porte de l'abri et se rappelle aussitôt qu'il a grand besoin d'être organisé*. Mais comme il ne veut pas se laisser distraire de sa tâche principale, il décide de remettre le rangement à plus tard et se contente de sortir* tout ce qui encombre afin d'accéder à la tondeuse.

À peine a-t-il atteint la tondeuse que son épouse l'appelle. Il est l'heure d'aller faire les courses*. « Comment, tu n'es pas prêt ! Mais qu'est-ce que tu fais encore dans cette tenue*? Dépêche-toi, je n'ai pas que ça à faire, je dois penser au repas, n'oublie pas que nous avons des invités demain ! »

15 h 30, ils ont fait vite. Ils n'ont fait que passer* dans le rayon lingerie, le rayon art de la table, le rayon hygiène et beauté et le tout nouveau rayon parapharmacie qui est vraiment très bien. Ça a été rapide, ils n'avaient rien à acheter dans ces rayons. Le temps de ranger les courses* et de grignoter* un petit quelque chose, car Monsieur Toutalafoy meurt de faim, et il sera d'attaque.

Pendant qu'il avale son sandwich, encombre la cuisine et traîne dans les jambes de sa femme, celle-ci lui rappelle qu'il doit impérativement fixer l'applique de l'entrée*. Ils ne peuvent pas recevoir du monde avec l'applique dans cet état.

Lorsqu'il revient* du garage avec la boîte à outils et la perceuse, son jeune fils lui demande, pour la seizième fois depuis le début de la semaine de venir l'aider à monter son nouveau robot*. D'ailleurs, il avait promis. Madame Toutalafoy, qu'ils croisent à ce moment-là, confirme qu'un bon père tient ses promesses et qu'il se consacre au moins un minimum à ses enfants pendant le week-end.

---

1. Chaque astérisque correspond à une activité.

17 h 00, il n'y a plus de pile dans la maison pour le robot, ni les bonnes chevilles pour fixer l'applique, son fils et Madame Toutalafoy insistent. Alors Monsieur Toutalafoy prend la décision de faire un saut* au magasin de bricolage. L'aîné des fils demande à son père de l'attendre* un instant. Il l'accompagne, il a besoin de trucs pour l'ordinateur qu'il bricole. 17 h 30, le samedi, ce n'est pas une bonne heure pour se rendre* dans les centres commerciaux de la région.

19 h 00 : « Alors, il va marcher mon robot ? » 19 h 30 : « À table ! »* 20 h 10 : « C'est à qui le tour de débarrasser la table et de faire la vaisselle ? »* 20 h 20 : « Ah, non ! Tu ne vas pas faire du bruit avec ta perceuse à cette heure-ci. Au fait, tu as pensé à appeler* ta mère. Elle t'a appelé plusieurs fois aujourd'hui. Elle dit que tu n'es jamais joignable. Tu devrais l'appeler avant le début de son émission ; après il sera trop tard. »

Dimanche, Monsieur Toutalafoy va découvrir qu'il n'a plus d'essence* pour la tondeuse, qu'il doit acheter* du pain pour midi, que ses allers-retours* lui imposent de faire le plein* de la voiture mais qu'il n'a pas prévu assez de monnaie, pas plus qu'il n'a pensé à prendre sa carte bancaire. Bien sûr, il doit replacer* dans l'abri de jardin ce qu'il en avait sorti la veille. Comme il fait beau leurs invités vont arriver plus tôt que prévu***… Le robot du petit ne fonctionnera plus et devra être emmené* en réparation.

Épilogue : Monsieur Toutalafoy a commencé plusieurs tâches qui ne sont pas bouclées et qui lui encombrent l'esprit. Il prend alors la ferme décision de procéder autrement.

Pour commencer, il note sur une feuille les tâches qu'il va achever. Cela fait donc une tâche en moins pour son cerveau ; la tâche de se rappeler les tâches à effectuer.

Ensuite, il formule chacune des tâches selon la bonne formulation d'objectif.

Après quoi, il se sent déjà beaucoup plus serein pour passer une bonne nuit.

51. La perception systémique

Vous faites partie d'un tout.

Qu'est-ce que la perception systémique ?

C'est une perception générale qui englobe les éléments d'un univers dans leur ensemble. Elle tient compte du système dans lequel se situe le sujet étudié et ne se limite pas au sujet lui-même. Pour autant, le sujet s'appréhende lui aussi comme un petit système.

Prenons l'exemple d'un manager coach qui s'intéresse au potentiel d'un nouveau collaborateur :

- Le collaborateur est un système à lui tout seul. Santé, énergie, fatigue, humeur, mode relationnel privilégié, interactions, intelligence, culture, aptitude au changement, goût du risque, histoire... tous ces éléments conditionnent son potentiel...
- Coté système plus global :
  - Le manager coach tient compte du fonctionnement du collaborateur dans l'équipe ;
  - Mais il s'intéressera également au fonctionnement de ladite équipe puisqu'elle influence le collaborateur ;
  - De même, puisque l'équipe n'a de sens que dans l'entreprise, elle aussi est à considérer ;
  - Enfin, l'entreprise existe dans un système économique plus large.

Ainsi, le potentiel d'un collaborateur ne s'exprimera pas de la même façon :

- Au sein d'une équipe dynamique orientée résultats ou dans une administration poussiéreuse et caricaturale de type soviétique ;
- Chez 3M ou chez GOOGLE, une équipe ne répond pas aux mêmes règles que chez BNP ou SNCF ;
- Une période de forte croissance n'offre pas le même environnement qu'une période de crise boursière ou énergétique.

Qui plus est, le système englobe le manager coach lui-même, ses objectifs, les autres...

Comment simplement avoir une perception systémique ?

En utilisant ce schéma qui présente la perception systémique comme ceci :

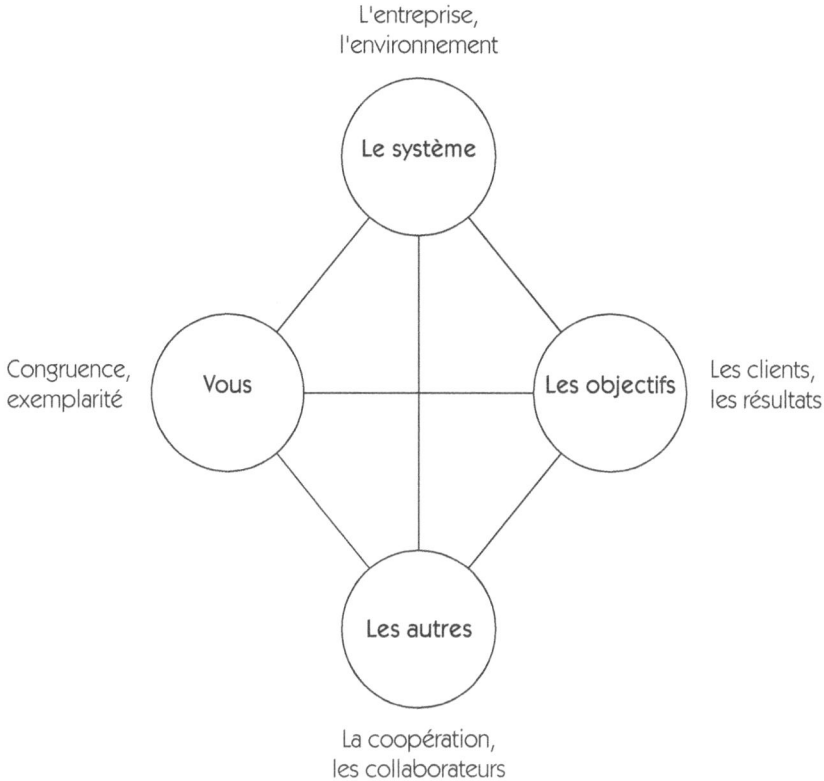

L'entreprise,
l'environnement

Le système

Congruence,
exemplarité   **Vous**   **Les objectifs**   Les clients,
les résultats

Les autres

La coopération,
les collaborateurs

Perception systémique, pour quoi faire ?

- Pour renforcer votre attitude de coach.
- Pour prendre du recul.
- Pour vous attacher aux processus plus qu'aux contenus.
- Pour garder une vision globale et long terme.
- Pour favoriser le développement durable des personnes.

Par exemple, le fameux « gagnant/gagnant » ne fonctionne que si chacun des pôles du système global est effectivement gagnant... Il faut considérer qu'un gagnant/gagnant bipolaire est insuffisant et réducteur. Un tel pseudo-gagnant/gagnant crée, dans les faits, des perdants.

Peut-être que ces perdants ne sont pas présents lors de la négociation. Peut-être sont ils peu perceptibles, ou sont-ils oubliés lors de la réflexion, et donc dans la négociation. Mais ils n'en existent pas moins. Ils se révéleront tôt ou tard avec leurs frustrations, leurs revendications, les problèmes que leur situation de perdants occasionnera.

✓ Exemples de gagnant/gagnant bipolaire

Pour emporter un marché important pour elle et satisfaire son client Carrouf, l'entreprise Chantilly s'engage sur des tarifs, des volumes, des conditions de paiement et de livraisons. Chantilly obtient sa commande (gros chiffre d'affaires) et Carrouf obtient les conditions exigées.

Pourtant, chez Chantilly, ces engagements impliquent d'augmenter les cadences sans augmenter les salaires, sans investir dans de nouvelles machines, et de jongler dangereusement avec la trésorerie. C'est apparemment un gagnant/gagnant pour Carrouf et Chantilly mais un perdant/perdant pour le trésorier, pour le directeur de la production et pour les ouvriers. Par ailleurs, Carrouf tout content, vient de fragiliser un de ses gros fournisseurs qui va chercher une parade pour l'avenir.

De même, un accord sur les horaires d'ouverture d'une banque peut très bien être considéré gagnant/gagnant pour les salariés et l'encadrement. Par exemple, les salariés voudraient obtenir de travailler de 9 heures à 12 heures et de 14 heures à 16 heures, du lundi au vendredi. L'accord est tentant car, pour l'encadrement, cela évite une grève ou des tensions sociales et, pour les salariés, des horaires allégés. Mais, pour l'entreprise, globalement, et pour ses clients, ces horaires d'ouverture réduits seront contraignants ou insatisfaisants.

Un gagnant/gagnant bipolaire masque souvent des gagnants/perdants systémiques.

C'est pourquoi le manager coach garde à l'esprit cette perception systémique. Il vise les vrais gagnants/gagnants.

Le schéma systémique précédent permet de garder à l'esprit tous les gagnants souhaitables de la relation. Et comme vous en faites partie, votre intérêt est évident.

Vous avez le pourquoi et le comment, maintenant :

Comment faire en pratique ?

Pour la pratique, c'est simple :

- Soyez attentif au système et, grâce au schéma, gardez à l'esprit les quatre éléments qui le constituent ;
- Réfléchissez et agissez en conséquence, en visant un gagnant/ gagnant systémique ;
- En cas de besoin, par exemple en cas de difficulté à faire passer votre message, communiquez, méta-communiquez, utilisez le schéma systémique face à vos interlocuteurs et amenez-les à une perception systémique.

> Le développement durable des organisations et des personnes passe par un vrai gagnant/gagnant. Soyez le représentant de cette démarche ! Vous assurerez votre développement sur la durée.

52. Le message du manager coach

Ce message est pour vous,
pour vos collaborateurs,
pour vos proches.

▶ Je vous vois.

▶ Vous existez.

▶ Vous avez de la valeur.

▶ Vous êtes unique.

▶ Vous contribuez.

▶ Vous êtes le bienvenu ici.

▶ Vous faites partie d'un tout.

Conclusion

Des années de pratique m'ont apporté la preuve de l'efficacité des techniques exposées dans ce livre.

Bien sûr, il n'est pas exhaustif et, bien sûr, la subtilité des rapports humains ne peut se contenir dans quelques pages. Mais avec ces premiers outils, vous avez les fondations, les matériaux et le mode d'emploi pour construire solidement votre projet.

Ensuite, pour vous donner toutes les chances d'en tirer le meilleur parti, sachez que rien ne fonctionne sans SVP – Si Vous Pratiquez.

Ne cherchez pas la révolution, cela ferait peur à vos interlocuteurs, mais, simplement, pratiquez, petit à petit, chacun des chapitres. Au début, vous ne serez peut-être pas parfait, mais persévérez. Car, même imparfaitement, même avec seulement quelques-unes des techniques de ce livre, vous obtiendrez des résultats. Et vous en aurez de plus en plus, et ils seront de plus en plus motivants.

Connaissant ce que la dimension de coach vous apportera au niveau des interactions professionnelles et même personnelles, je me réjouis que vous entrepreniez la démarche. Vous avez raison de l'entreprendre. Allez-y ! Foncez ! Pratiquez !

Par ailleurs, si vous vous posez des questions et que vous vouliez m'en faire part, si vous êtes curieux, si vous voulez approfondir les sujets abordés, si vous cherchez la formation qui vous apportera encore plus que ce livre, je vous invite à aller sur notre site internet (http://www.evoluence-lc.com).

Avec mes cordiales salutations, mes encouragements et mes vœux de succès.

Annexes

Solution de l'exercice p. 166

Relier les neufs points (fiche 38 : paradoxe)

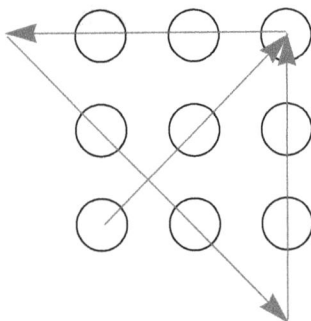

Sans sortir du cadre des neufs points, impossible de les relier avec seulement quatre droites continues.

Lexique

Pour des définitions plus développées,
rendez-vous sur evoluence-lc.com

AT : analyse transactionnelle

L'analyse transactionnelle et une théorie de la personnalité et de la communication.

Parmi ses notions clefs, se trouve la notion de transaction. Une transaction est un échange de communication. Les champs d'étude et d'application de l'AT sont donc la communication et les relations.

Coaching

Le coaching est l'accompagnement de personnes ou d'équipes pour le développement de leurs potentiels et de leur savoir-faire dans le cadre d'objectifs professionnels, afin de construire la meilleure solution, créative par rapport à leurs capacités et à la situation qu'ils vivent, et d'atteindre leurs buts dans les meilleures conditions possibles.

Les différents types de coaching :
*   Coaching individuel ;
*   Coaching d'équipe ;
*   Life coaching.

Gestalt

La gestalt-thérapie met l'accent sur la conscience de ce qui se passe dans l'instant présent au niveau corporel, émotionnel et mental. Dans cet « ici et maintenant », ce vécu contient aussi les expériences antérieures, les situations inachevées, les anticipations et les projets de la personne.

Le travail se centre sur ce qui se vit dans cette expérience de contact avec l'autre (les autres) et l'environnement. La gestalt favorise l'expression des émotions, des répétitions de situations antérieures, des blocages émotionnels, des distorsions de l'expérience.

Pensée complexe

Elle est la fille de la théorie du chaos. En sortant du domaine scientifique, cette réflexion, également mode de pensée, s'oriente vers une compréhension plus générale. Elle est un peu comme une pensée philosophique. Elle s'applique alors au monde des affaires, et notamment à sa dimension managériale.

Selon Edgar Morin[1], « sa définition première ne peut fournir aucune élucidation : est complexe ce qui ne peut se résumer en un maître mot, ce qui ne peut se ramener a une loi, ce qui ne peut se réduire à une idée simple. Autrement dit, le complexe ne peut se résumer dans le mot de complexité, se ramener à une loi de complexité, se réduire à l'idée de complexité. La complexité ne saurait être quelque chose qui se définirait de façon simple et prendrait la place de la simplicité ».

PNL

La PNL est la modélisation des meilleurs spécialistes dans les domaines du développement personnel, de la communication et des modes de fonctionnement les plus efficaces.

Les fondateurs, Richard Bandler et John Grinder, ont finement étudié :

- Des psy (-chologues ou -chiatres) tels que Fritz Perls (fondateur de la gestalt-thérapie), Virginia Satir (thérapie familiale) ou Milton Ericson (injonctions paradoxales, métaphores, dialogue avec l'inconscient, hypnose, ancrages) ;
- Des linguistes tels qu'Alfred Korzibski (la carte n'est pas le territoire) et Noam Chomsky (structures de surface et profonde) ;
- Des membres éminents de l'école de Palo Alto tels que Gregory Bateson (ethnologue, écologie de l'esprit), Edward Hall (l'espace et le temps), Paul Watzlawick (théorie des systèmes et thérapie).

---

1. Edgar Morin, *Introduction à la pensée complexe*, ESF, 1990.

Programmation : à partir des expériences que nous vivons depuis notre enfance, nous développons des programmes de fonctionnement très élaborés qui deviennent inconscients (automatismes, habitudes). La PNL décode ces programmes pour pouvoir les reproduire, les améliorer, les modifier.

Neuro : ces programmes sont codés et stockés dans nos neurones. Ils fonctionnent avec notre cerveau.

Linguistique : ils se manifestent par notre langage (verbal et non verbal).

La PNL agit au niveau du langage de programmation neurologique.

Systémique

La systémique est née de la biologie, de la théorie de l'information, de la cybernétique et de la théorie des systèmes. L'approche systémique s'appuie sur la notion de système, qui, selon la définition la plus courante, est un ensemble d'éléments en interaction dynamique, organisés en fonction d'un but.

Référents théoriques

Pour chaque fiche thématique de ce livre voici la ou les discipline(s) dont elle est issu (dans la pratique de l'auteur).

Il est fréquent qu'il y ait plusieurs origines car une discipline peut avoir utilisé et approfondi un outil venant d'une autre discipline. C'est le cas notamment de la PNL qui, par essence, s'est appliquée à modéliser ce qui fonctionnait le mieux dans différents domaines (thérapie, communication, sémantique et linguistique, systémique, hypnose…). Ce qui explique que la PNL soit si représentée.

1	Position haute/Position basse	Systémique
2	Coaching et management	Coaching
3	Information et communication	Sémantique
4	Le contrat relationnel	AT
5	Le triptyque du cadre relationnel	Psychothérapie
6	La bulle	Psycho
7	Calibrer	Psycho/PNL
8	La synchronisation	PNL
9	La reformulation	PNL
10	La question à 2 000 euros	PNL
11	Les principes des bonnes questions	Coaching
12	Les niveaux logiques	Anthropologie/ Systémique
13	Les généralisations	Sémantique/PNL
14	Les omissions	PNL
15	Les distorsions	Sémantique/PNL
16	Les opérateurs modaux	PNL
17	Les mots fourre-tout	Sémantique/PNL
18	L'échelle des valeurs	Psycho/PNL
19	Gérer l'« ici et maintenant »	Gestalt
20	Accuser réception	Gestalt/Management
21	Les positions perceptuelles	PNL

22	La méta-communication	Psycho/Coaching
23	Le processus parallèle	Coaching
24	Les états du moi	AT
25	Les jeux psychologiques	AT
26	La formulation positive	Psycho
27	La formulation d'objectif	PNL
28	La structure d'un entretien d'accompagnement	Coaching
29	Quel type de changement vous faut-il ?	Systémique
30	Changements et processus de deuil	E. Kübler-Ross
31	Le protocole de décision	PNL
32	Les zones d'intervention	Coaching
33	Les méconnaissances	AT
34	Accordeur/Désaccordeur	PNL
35	SCAFEESB	Communication non violente
36	Faire un compliment	Management
37	QELFE	Psycho
38	Le paradoxe	Psycho (Bateson)
39	Recadrer	Management/PNL
40	La charte relationnelle	Management/coaching
41	Monsontonnotremon	Psycho/Coaching
42	Le compromis	Psycho/Management
43	Le consensus	Psycho-sociologie/ Management
44	Le langage métaphorique	Leadership
45	Les notions familières du manager coach	Systémique
46	Contenu, processus, sens	Coaching
47	La vision	Leadership/Coaching
48	Changement et homéostasie	Psycho
49	L'orientation moyens/résultats	Management
50	La dynamique des cycles	Psycho/PNL/ Coaching/Manag.
51	La perception systémique	Systémique
52	Le message du manager coach	PNL/Leadership

Bibliographie

Plus que d'une bibliographie, il s'agit des livres recommandés pour enrichir la pratique du coaching abordée dans ce livre. Retrouvez-les, avec des commentaires plus développés, sur « evoluence-lc.com ».

Bien d'autres ouvrages existent sur le sujet. Peu sont à recommander.

Coaching

▶ *Les responsables porteurs de sens (culture et pratique du coaching et du team building)* de Vincent Lenhardt, Insep éditions, 2002.

Un des pionniers et promoteur du coaching en France, l'auteur structure la pratique du coach, lui fournissant démarche et outils. Référence théorique du coaching en France, ce livre porte sur la maîtrise des techniques et sur le management des hommes (pour manager et coach).

▶ *Le métier de coach* de François Delivré, Éditions d'Organisation, 2002.

Présenté comme un échange épistolaire qui le rend facile et agréable à lire, ce livre aborde le savoir-faire de la pratique du coaching et de son esprit. Il répertorie les connaissances indispensables et leur usage. Au-delà des qualités d'écoute, il traite des compétences et du niveau de développement personnel indispensable au coach (pour coach et prescripteurs).

Coaching d'équipe et team building

▶ *Coaching d'équipe* d'Alain Cardon, Éditions d'Organisation, 2003.

Excellent livre spécialisé, clair, structuré, illustré de nombreux exemples et des pièges à éviter. Il apporte à la fois des éléments de diagnostic, des stratégies d'approche et des outils. Sur le coaching d'équipe, c'est *le* livre à posséder (pour coach).

▸ *La cohésion des équipes (pratique du team building)* de Pierre Cauvin, ESF, 2003.

Ce livre traite à la fois du team-building (accroissement de la collaboration et de la motivation collective) et de la cohésion d'équipe (amélioration des relations, de la place et de l'apport de chacun dans l'équipe). Il est très opérationnel en fournissant de nombreux outils ainsi que 45 exercices et leurs corrigés (il s'adresse aux coachs, aux cadres et aux animateurs. Les formateurs y trouveront aussi beaucoup de choses utiles. Bien qu'il ne s'agisse pas de coaching à proprement parlé, il est un bon complément aux précédents ouvrages).

Systémique

▸ *Systémique et entreprise* de Jacques-Antoine Malarewicz, Village Mondial, 2005.

Une fois acquises les bases du coaching et la pratique, c'est *le* livre que je préconise pour appréhender et appliquer les outils de la systémique. À la fois très riches et d'une lecture fluide, la compréhension et la transposition de la systémique dans le quotidien du travail deviennent évidentes (recommandé pour les consultants, les coachs et les managers).

PNL

Parmi les livres dont certains éléments PNL sont intéressants pour le coaching, ceux de Pierre Longin :

▸ *Coacher votre équipe*, Dunod, 2003.

Il aborde les thèmes tels que créer la relation de confiance, savoir exprimer ses émotions, déléguer, décider en réunion, etc.

▸ *Agir en leader avec la PNL*, Dunod, 2003.

Des choses intéressantes : ancrages, objectifs, relation (zone de confort, relation de confiance, la précision du langage), mais d'autres très difficiles à mettre en œuvre pour un néophyte ou trop théoriques (méta-programmes, subordination au temps, charisme…).

Au-delà du coaching, les livres qui méritent d'être lus sont ceux des fondateurs de la PNL, John Grinder et Richard Bandler (ils intéresseront surtout les thérapeutes et les personnes cherchant leur développement personnel) :

▶ *Un cerveau pour changer* de Richard Bandler, InterÉdition, 2000.

Transcription d'un séminaire, ce qui rend la lecture facile et vivante, ce livre illustre des techniques pour changer nos perceptions et ressentis d'expériences : mauvais souvenirs, craintes, phobies, confusions, apprentissage.

▶ *Les secrets de la communication* de Richard Bandler et John Grinder, Éditions de l'Homme, 2005.

Autre transcription d'un séminaire, celui-ci s'adressant très spécifiquement aux thérapeutes : communication (systèmes de représentations, accès oculaires…), changement (ancrages, sous-personnalités, recadrages…).

▶ *Des outils pour l'avenir* de Robert Dilts et Gino Bonissone, La Méridienne, 2003.

Très analytique et illustré de nombreux schémas, cet ouvrage ne se lit pas de façon fluide. Il étudie avec une méthodologie scientifique (il ressemble à un mémoire d'informaticien déclinant une étude sous forme d'arborescence commentée) le processus de créativité. Il nécessite une réflexion avant d'inspirer des applications pratiques. Mais il a la force de sa faiblesse : riche et rigoureux.

Analyse transactionnelle

▶ *Manuel d'analyse transactionnelle* de Ian Stewart et Vann Joines, InterÉditions, 2005.

Un must en AT. Très bon livre pour avoir une vision complète de l'AT car il en reprend, avec clarté, tous les grands concepts (pour découvrir l'analyse transactionnelle).

▶ *Des jeux et des hommes* d'Éric Berne, Stock, 1984.

Livre qui éclaire et illustre les jeux psychologiques. Il permet de comprendre un peu mieux comment opèrent les jeux (il ne s'adresse pas au monde de l'entreprise mais présente les jeux dans lesquels nous vivons. Les connaître nous évite d'y tomber).

Pensée complexe

▶ *Manager dans la complexité* de Dominique Génelot, Insep consulting éditions, 2001.

Tendance « intellectuel » (c'est le sujet qui veut ça), pourtant ce livre atteint son but : clarifier ce qu'est la complexité et fournir des réflexions et des méthodes pour aider les responsables à la pratiquer avec réussite en entreprise. L'un des plus clairs sur le sujet et certainement le plus opérationnel que j'ai lu. Plus de 340 pages qui nécessitent du temps à intégrer mais qui en valent la peine.

Par nature, la complexité n'est pas simple et donc ce livre n'est pas un recueil de trucs, de choses faciles à faire et de yakas (simplets s'abstenir ! Il est riche, dense, fait pour emplir et agiter nos neurones).

PCM (Process Communication Management)

▶ *Communiquer, motiver, manager en personne* de Taibi Kahler, InterÉditions, 1999.

Ce livre, très agréable à lire grâce au récit des situations et aux perceptions des différents personnages (archétypes de personnalités), se lit comme un roman et nous forme efficacement. Les concepts sont exposés de façon évidente et compréhensible. Les tableaux récapitulatifs, très clairs, permettent de déceler les personnalités, leurs points forts, leurs styles de management préférés, leurs besoins psychologiques, la façon de les motiver, ce qu'il faut éviter.

J'ai été formé au Process Communication Management (PCM) il y a quelques années. Ce livre de Taibi Kahler (l'inventeur du PCM) est très bon (si vous managez, notamment en tête à tête, il devrait vous intéresser).

Métaphores

▶ *Contes et métaphores* de Louis Fèvre, Éditions Chronique sociale, 2004.

Cet ouvrage, outre sa lecture agréable (il n'est pas l'œuvre d'un conteur pour rien), donne des clefs pour construire et inventer des histoires utiles et plaisantes : trouver un cadre et des personnages, structurer le récit, lui assurer une portée pédagogique ou thérapeutique (vous voulez raconter des histoires, ce livre est fait pour vous).

Management

▶ *L'avenir du management* de Peter Drucker, Éditions Mondiales, 2005.

Peter Drucker est consultant international en management et professeur en sciences sociales. Il a publié plus de trente livres de management et d'économie qui ont eu une influence décisive sur les plus grands chefs d'entreprise.

Dans ce livre, Peter Drucker indique comment les organisations doivent orienter leurs stratégies et comment les dirigeants doivent adapter leur état d'esprit pour faire face à notre monde qui change. Premier à énoncer le concept de « travailleur du savoir », il a montré quel poids cette nouvelle classe allait peser dans notre société. Il analyse son impact sur la gouvernance des entreprises.

www.ingramcontent.com/pod-product-compliance
Lightning Source LLC
Chambersburg PA
CBHW061157220326
41599CB00025B/4513